Rudolf Lehr / Bruno Hain

Pälzisch vun hiwwe un driwwe

D1705692

*Für die Jahrelange
Gute Zusammenarbeit
vom Theo aus
Schwetzingen*

Pälzisch vun hiwwe un driwwe

gesammelt von

Rudolf Lehr
und
Bruno Hain

illustriert von
Heinz Friedrich

K. F. SCHIMPER-VERLAG
SCHWETZINGEN

© K. F. Schimper-Verlag GmbH, 6830 Schwetzingen, 1991
Herausgeber: Rudolf Lehr, Bruno Hain
Illustration und Umschlag: Heinz Friedrich
Herstellung: Schwetzinger City-Druck, 6830 Schwetzingen
Buchbinder: Aloys Gräf GmbH, Heidelberg
ISBN 3-87742-060-5

VORWORT

„Hiwwe" und „driwwe" sind Sachen des Standpunkts, nicht nur in der Pfalz. Wo man selbst steht, ist immer „hiwwe" und was jenseits naturräumlicher, politischer, sprachlicher oder mentaler Grenzen liegt, verliert sich leicht im diffusen „driwwe". Wenn auch von einem allgemeinen Zusammengehörigkeitsgefühl aller Pfälzer links und rechts des Rheins ausgegangen werden kann, so sind doch Indizien erkennbar, daß man aufgrund natürlicher oder administrativer Raumbildungsprozesse links und rechts des Rheins weniger über die jeweils „driwwe" lebenden und wirkenden Menschen weiß. Greifen wir die Mundartliteratur des sprachlich zusammengehörigen rheinfränkisch-südfränkischen Raums heraus, so stellen wir fest, daß in den letzten Jahrzehnten mehrere Anthologien erschienen sind, die sich entweder vorwiegend auf den linksrheinisch-pfälzischen oder ausschließlich auf den kurpfälzisch-nordbadisch-schwäbischen Raum konzentrieren. Der vorliegenden Anthologie „Pälzisch vun hiwwe un driwwe" gebührt damit das große Verdienst, diese Beschränkungen des Blicks auf jeweils eine Seite aufzugeben und erstmals in annähernd gleicher Gewichtung eine größere Auswahl von zeitgenössischen Mundartautoren von beiden Seiten des Rheins im pfälzisch-südfränkischen Kontaktgebiet vorzustellen. Das Gebiet, das in den dokumentierten Mundarten sprachlich erfaßt wird, beginnt bei St. Ingbert im Westen, reicht dann bis Obermoschel und Bolanden in der Nordpfalz, bildet auf der rechten Rheinseite einen Halbkreis mit den Außenorten Heidelberg, Mosbach, Eschelbronn, Sulzfeld und Friedrichsthal, bevor sich in der Südpfalz mit den Mundarten von Rheinzabern, Kandel und Pirmasens der Kreis schließt. Für den Leser mag es eine Überraschung, aber auch Freude sein, das große sprachliche Spektrum der vorgelegten Texte, das sowohl dialektale Übereinstimmungen wie auch auffallende Unterschiede aufweist, zu entdecken und somit den Reichtum und die Vielfalt dieser Sprachlandschaft zu erfahren.

Die beiden Herausgeber, Rudolf Lehr und Bruno Hain, sind mit je eigenen Schwerpunkten, Kenner der „Mundartszene" dieses Gebietes. So verwundert es nicht, daß es beiden Herausgebern gelungen ist, eine ansprechende und repräsentative Auswahl von Autoren für diese Anthologie zu gewinnen. Erfreulich ist, daß an die Seite von längst etablierten und anerkannten Größen der pfälzischen Mundartliteratur, auch (noch) weniger bekannte Autorinnen und Autoren treten, die bisher kein umfangreiches Werk in Mundart publiziert haben. Interessant ist, daß manche Autorinnen und Autoren zuerst in Hochdeutsch publiziert haben und dann erst zur Mundart gestoßen sind, andere sind durch die Mundart überhaupt zum Schreiben gekommen. Diese Streuung nach literarischer Herkunft, Publikationserfahrung, Lebensalter oder Schreibbeginn sorgt dafür, daß wir hier neben der schon erwähnten dialektalen Vielfalt auch eine Vielgestaltigkeit der Sichtweisen der Autoren, ihrer Ausdrucksformen und Motive vorfinden, die ein lebendiger Spiegel dessen ist, was heute in der Mundartliteratur des ausgewählten Gebietes gedacht und geschrieben wird.

Den Lesern „hiwwe" wie „driwwe" bleibt zu wünschen, daß sie sich vom Angebot der jeweiligen Gegenseite bereichern lassen und daß sie tiefer in die sprachliche Vielfalt der Mundarten des pfälzischen-südfränkischen Raumes eindringen. Den Autoren, wie auch den Herausgebern dieses Buches, wünsche ich, daß ihre Publikationen in einem weiteren Umkreis bekannt, geschätzt und nicht zuletzt erworben werden.

Kaiserslautern, im September 1991

Rudolf Post

AUTORENVERZEICHNIS

Wilhelm von der Bach	7
Willi Bartholomä	9
Michael Bauer	11
Kurt Bräutigam	12
Erwin Burgey	17
Margarete Dagies	18
Eugen Damm	20
Hermann Dischinger	23
Susanne Faschon	25
Marliese Fuhrmann	27
Gisela Gall	30
Georg Jakob Gauweiler	32
Else Gorenflo	34
Irma Guggolz	37
Gertrud Häfner	39
Bruno Hain	42
Thomas Heitlinger	50
Gisela Herrmann	52
Harald Hurst	55
Alois Ihle	59
Marliese Klingmann	62
Heinrich Kraus	65
Rudolf Lehr	67
Thomas Liebscher	72
Waltraud Meißner	74
Helmut Metzger	75
Werner Mühl	79
Claus Jürgen Müller	81
M. Waltrud Müller	84
Gerhard Ranssweiler	85
Ilse Rohnacher	87
Gerd Runck	89
Brigitte Rothmaier	92
Walter Sauer	94
Peter Schraß	96
Marcel Schuschu	97
Hans-Peter Schwöbel	99
Michael J. Seifert	102
Hermann Josef Settelmeyer	103
Günter Speyer	105
Rudolf Stähle	106
Paul Tremmel	107
Karl-Jörg Walter	109
Die Herausgeber	111
Die Autoren	112

Wilhelm von der Bach

Summer voller Kummer

Sou en Summer voller Kummer,
Leit, des gibts net alle Johr,
grad als bricht de Himmel runner,
s kummt uns wie e Sintflut vor...

Wann die Baurereegl stimmt,
was de Siwweschläfer bringt,
gibts bis Marie Himmelfahrt
noch manch driiwe Rejjedag...

Langsam werds uns dann aa gwiß,
daß sich zwische Händ un Fiiß
wie beim Gänsvolk Schwimmhait zeije
weil mer dann ins Wasser steije.

s hot mer ebber a(n)vertraut,
er hätt sich e Arch gebaut,
for en ganz besunnre Fall –
jetzt dient sie als Hasestall.

Liewer guder Peterus,
mach mim Rejje langsam Schluß –
bis des Wetter ausverkaaft,
hosch uns lang genunk gedaaft...

Die Hausschnoog

In unsre Schlofstubb isch e Schnoog,
ehr liewe Leit, des isch e Ploog –
bei Dag do hält sie sich versteckt,
damit sie nimmand scheints entdeckt.

Drum kummt des Luder mit Bedacht
nadierlich immer blouß bei Nacht.
Mol sticht se do, mol sticht se do –
wann dich net zudecksch, in de Po.

Un immer summt se: „sii, sii, sii"
jedoch mein Mann, den sticht se nie.
Dem schmeckt n drockner Riesling gut,
drum hot der scheinbar saures Blut.

Letschd Nacht do spier ich, daß se sticht,
schalt ei(n) mei(n) Nachtdischlämpellicht,
un wie de Blitz gehts klatsch un batsch
mir sou re Kunschtstoff-Muggedatsch.

Un wie ich denk, jetz hosch se doch,
schlupft se durch s Muggedatscherloch,
so daß mer schier verzwazzle kennt,
Milljone-Feier-Sackzement.

En Strohwisch wollt ich letschd verbrenne,
um ihr die Fliggel zu versenge,
do war mers, als hätt sie gekichert,
„siii, sii, sin sie aa gut versichert"?

Wochemarkt

Wie war ihr Leit vor fuffzich Johr
Mei Wiesloch noch so friedlich,
E Ruh in jeder Gaß un Stroß
Un alles so gemitlich.

Die Bauersleit sin frih um finf,
Uff's Feld mi'm Fuhrwerk naus.
Am Feierowed hot ma sich
Uff d' Staff'l ghockt vorm Haus.

Am Freitag war de Wochemarkt
Mit allem gut beschickt,
Ma hot sich net wie heitzudags
Im Kaufhaus rumgedrickt.

Landbutter, frisch im Blattsalat,
Im Stroh die Millichsai –
Ma hot um jeden Pfennig g'feilscht,
Der Hand'l war noch frei.

Dann Sahnequark im Werschingblatt
Un Rettich aus de Pfalz.
Tomate, Gurke, Sellerie
Un Tepf voll Schweineschmalz.

Lauchstäng'l, weiß wie frischer Schnee
Un dick, so wie mein Arm.
Dann Hihnereier frisch vum Nescht,
Die ware als noch warm.

De Opa hot die Gail als ghiit
Un uff'm Karch gepennt;
Dieweil isch als mol zwischenei
E Saile durchgebrennt.

Sin dann zur Paus, grad uff de Markt,
Die Oberschüler gange,
War's ganz Gymnasium uff de Fieß,
Des Saile ei(n)zufange.

Sou e Hitz

Gucksch in de Schrank nei, bisch bedroffe,
Was nor Fett haaßt, isch verloffe.
Butterschmalz un Margarine,
Siißrohmbutter, Gelatine.
Bloß en Eisschrank kann noch rette.
Vor dem Dinnfluß alles fette.

Um de Hals sich abzukihle,
Leckt ma Fruchteis, Eis am Stiele.
Zweemol gschleckt bei derre Hitz,
Isch des Eis weg wie de Blitz.
Willsch e drittes Mol drå(n) schlecke,
Hoscht statt Eis bloß noch en Stecke;
Umesunscht isch alle Mih,
Alles, alles werd zu Brih,
Hunger noch re gude Worscht
Weicht dem u(n)geheire Dorscht.
Un die Baich sin uffgeschwolle,
Weil se viel mehr fasse solle.
Stillsch dein Dorscht mit Alkohol,
Bischt im Dag drei-, viermol voll.
In e Meer mecht ma versinke
Un bloß drinke, drinke, drinke.

In de pralle Sunnehitz
Hiit sei Brüderle de Fritz,
Weil die Sunn dem arme Drepfl
Siedisch heeß brennt uff sei Kepfl,
Rutscht des schleinigst unner d Deck.
Un de Fritzl määnt, s wär weg.
Unnerm Bettche, weh un ach,
Fließt e großi Wasserlach.
„Mutter!", ruft er ganz bedroffe,
„Unser Baby isch verloffe.
Gell, jetzt soll ich schuld drå(n) sei(n),
Hett mer's doch in Eisschrank nei".

„Nostalgie"

Die Mode macht in „Nostalgie",
Was alt isch, werd modern.
Spitzschnawwlschuh mit Ös un Knepf
Für modbewußte Herrn.

Im Unnerrock mit langer Spitz,
Strumpfbändl unnerm Knie,
So geht jetz, wie vor hunnerd Johr,
Susi, Sophie, Marie.

Die Kaffeemihl vun Hand bedient,
Siehsch wieder in de Kich.
Un veschpert werd bloß noch vum Brett,
Weils „nostalgorisch" isch.

Zwee Sechser

De Vadder sitzt am Disch un sinnt,
wie mer beim Lotto mol gewinnt –
seit fuchzeh(n) Johr die nämlich Leier:
statt Sechse jedesmol en Dreier.

Multipliziert un dividiert,
hosch zwanzisch Zettel schun verschmiert,
setzsch dich zur Lottostell in Trab,
gibsch jedesmol de falsche ab.

S Glick isch e Rindviesch ohnesgleiche
un trifft halt jedesmol die Reiche.
Wie er letschd oweds widder gloddelt
un an de Zahle rumgenoddelt,

do kummt sei(n) Bu ganz stolz un frisch
un legt s nei Zeignis uf de Disch
„Do, Vadder, guck," sechd dann der Bu,
„do bin ich gescheiter als wie du – – !
Ich hebb zwee Sechser, des isch Glick
in Englisch un Mathematik..."

Des aa noch...

Die Welt isch verdorwe
uf Schridd un uf Dridd,
Heersch bloß noch vum Raumflug,
Adoom un Nitrit.

Zwee Buuwe, e Määdl,
dickbackisch un gsund,
die kumme uf d Welt
zur selwische Schdund.

Gepudert, gewickeld,
mit fuchsroode Hoor,
so gucke die drei
unnerm Bettdecksche vor.

„Na", duud sich de Dokder
am Ohr hoomlich kratze,
„schun widder drei roode,
wu bleiwe die schwarze?"

Do moont sein Kolleg:
„Sag graad, was du widd,
die Klapperschderch schaffe
jetz aa mit Nitrit– –!"

Hinne un vorne panierd

De Fritzl besuchd heit
sei Dande Melise –
ihr Kind vun achd Woche
liggd brav uffm Kisse.

Graad wie s Godd erschaffe,
ganz nackisch un bloos,
bearweids die Dande
mit Puuder un Doos.

Des sieht der kloo(n) Schlingl
un hot dann druff glachd:
Graad so hots mei Mudder
in de Kich heit gemachd.

Er denkd an die Schnitzl
un fräägd intressierd:
Warum werd des Biewel
hinne un vorne panierd?

Willi Bartholomä

De himmlisch Ufftrag

In Pälzer klobbt an's Himmelsdor
ruft: „Petrus, mach merr uff
do unne isses nimmi klor
isch kumm zu eisch do ruff!"

De Petrus guckt unn sieht aa glei
der hot zu viel getrunke
ach, denkt er, des geht schnell vebei
unn hot en roi gewunke.

„Waad", sescht de Petrus: „Bleib mol do
isch frog de liewe Gott
der iss um jeden Pälzer froh
wu er do howwe hot.
De liewe Gott liebt Pälzer Leit
hot se gäärn um sisch rumm
dann Pälzer Leit sinn meischdens g'scheit
ganz sälde ääner dumm!"

„In Pälzer?" ruft de liewe Gott
„Mach norr unn lossen roi
wann er a ääner sitze hot
der kann net iww'l soi.
Du wääscht doch aa, meer suchen doch
schunn lang in gure Mann
wu unner annerem a noch
Betrunkne helfe kann.
Isch glaab, in Pälzer weer do gut
unn dodefor grad räscht
in Pälzer mit re Pälzer Schnuut
weer ferr des Amt net schläscht.

Den schicken merr in unser Palz
dort kann er uns viel nitze
der kann als Engel jedenfalls
Betrunkne helfe b'schitze!"

's Kabellsche im Wald

Im Frihjohr, 's war noch ganz schää kalt
laaf isch am Morge dorsch de Wald
in Vogg'l singt, dort grast e Reh,
leis steigt de Näww'l in die Heh
unn dorsch die Bääm, die jetzt noch kahl,
fallt grad de erschde Sunnestrahl.
Uff alle Gräser liggt noch Tau
in junge Fugs hockt vorr soim Bau
e Amsel schärrt im därre Laab
sucht Wärm unn Schnäcke, wie isch glaab.

Isch wanner schunn e guri Stunn
frää misch an Wisse, Wald unn Sunn
unn laaf grad uff e Lischdung zu
do heer isch 's singe, irgendwu.

Langsam will isch grad weirer gäh
do sähn isch e Kabellsche stäh.
Midde im Wald unn ganz versteckt
vunn Bääm unn Unnerholz vedeckt
steht's klää Kabellsche in de Sunn
vunn weirem sähn isch des jetzt schun.

E Mädelsche vunn finf, segs Johr
kniet an dem Kärsch'l, vorrem Dor.
Während's do uff de Träbbe kniet
singt's e bekanndes Kärschelied.

Glei druff heer isch beim Neherträde
des Kind e „Vater unser" bäde.
In große Strauß, mit schääne Blumme
hot's vuun dehääm schunn mitgenumme.
In äänre Bläschbix, krumm unn schäbb,
stellt's die vorm Kärsch'l uff die Träbb.

„So", sescht des Kind dann unner Träne:
„Die wärd de liewe Gott schunn sähne!"

Pletzlisch sieht misch des Kind do stäh
vor Schreck kann's nimmi weirer gäh,
guckt misch fescht aa, mit große Aage
unn kann vor Angscht kä Wort mäh sage.

„Hab norr kä Angscht", sag isch a glei
unn bin e biss'l neher bei
hab meer des Mädelsche betracht
unn g'frogt, was es so frih do macht.

„Isch bät", heer isch des Kind jetzt sage
unn sähn soi Träne in de Aage.
„Moi Mudder iss seit langem krank
jetzt geht's re besser, Gott sei Dank.
Drumm geh isch morgens in de Frih
do an des klänne Kärsch'l hie,
bät jeden Dag zum liewe Gott
weil er de Mudder g'holfe hot.

„S werd Zeit", heer isch die Klää noch sage
sie butzt ehr Träne aus de Aage.
„So", sescht se: „So, isch geh dann glei
muß noch beim Bäcker schnell vebei
dort hol isch Bretscher, Brot unn Budder
dann koch isch Kaffee ferr moi Mudder!

De ganze Haushalt mach isch dann
daß sisch moi Mudder schone kann!"

So schnell wie isch net gucke kann
so schnell iss des klää Mädsche dann
e ganzes Stick schunn weirer unne
an äänre Kehr im Wald verschwunne.

Wann isch als heit an's Kärsch'l kumm
laaf isch als erscht emol drum rum
unn denk dann froh beim Weirerlaafe
do an des Mäd'lsche, des brave.

Ob soi Gebät zum liewe Gott
de Mudder domols g'holfe hot?

Wann se norr hescht

Am Stammdisch neilisch, in de Kann,
do hock isch als so dann unn wann,
treff isch de Kall, vor Gram geduckt
hot er in's Schobbeglas geguckt,
er macht e Gsischt wie so e Wärr
bis an die Knie ziegt er e Schlärr.

„Na", sag isch: „Kall, was iss dann los
du hockscht do wie in Trauerkloß?"
„Och", sescht er unn iss ganz gekniggt
„Moi Fraa, die macht misch noch veriggt
die närgelt dauernd an merr rumm
des werd merr mit de Zeit zu dumm!
Seit Woche geht des jetzt schunn so
isch werr moi Läwe nimmi froh.
Wann des net uffheert, isses aus
dann kumm isch noch in's Narrehaus!

Doi Fraa, des doch moiner Seel
gege die moinisch e Juweel
die hot, isch kenn des jo seit Johre,
noch nie e beeses Wort velore
iss immer frehlisch, hot Humor
die iss, mit ääm Wort g'saad, halt klor!"

„Ja", sag isch nooch re Weil zum Kall:
„Do hoscht du räscht, uff jeden Fall
moi Fraa macht niemols vor de Leit
mit meer aa norr de klänschde Streit.
Meer geh'n aa niemols bees ins Bett
zuvor werd sisch erscht ausgeredd.
Moi Fraa iss immer Diplomat
die hot noch nie im Zorn was g'saad.
Wann isch mol schelt, dann isse still
macht awwer trotzdem was se will.
Meer sinn schunn immer äänisch worre
isch wollt du hescht se, glaab merr's norre!"

Wärr = Maulwurfsgrille

's Dascheduch

De Fritz'l sitzt in soinre Klass
's iss em net gut, er iss ganz blass.
Er huscht unn niest, kann nimmi schlucke,
kann kaum noch aus de Aage gucke,
die ganze Glieder dun em weh
vum Hals bis nunner an die Zeh.
Die Nas, die laaft em ferschderlisch
unn trobst grad vorrem uff de Disch.
So zwische noi hot er soi G'sischt
mim Kidd'lärmel abgewischt
gereischvoll zieht er als do druff
soi Nas ganz lang unn kräfdisch nuff.

Im Frolein g'fallt des net so gut
was de klää Fritz'l do so dud.
Sie sescht zum Klää: „Jetzt bass mol uff
butz als doi Nas, zieg se net nuff!"
„Des macht merr net!" hot sen belehrt
unn das sisch sowas halt net g'heert.
Die Nas nuff ziege unn so Sache
ded sie jo schließlich aa net mache
unn sie hett heit jo aa in Grund
sie weer, wie er, heit net so g'sund.

Unn eigentlisch g'heert merr ins Bett
wann merr so arg de Schnubbe het.

Sie frogt de Fritz'l näwebei:
„Hoscht dann kä Dascheduch debei?"
„Doch", sescht de Klää druff, ganz empeert
unn laut, daß es aa jeder heert
vum Schnubbe fallt em's Redde schwer:
„Isch hab ääns, doch isch lääns net her!"

Michael Bauer

Es klää Kardöffelsche

Es war emo e klää Kardöffelsche, des wollt net immer nur bei de Karotte erumhocke. Es hat sich ufgemach in die Welt, fer erauszufinne, was dann de Sinn vun soim Lewe is.
Es is losgezoo un uf äämo hats vorme Berch gestann, un neigierig wie unser Kardöffelsche halt emo war, hats denne Berch gefroot:
„Saamo, wer bisch dann Du?"
Un der Berch, der hat zur Antwort geb: „Ich bin das Karwendelgebirge!"
„Heer ich recht? Karwendel? Ei, dem Name no zu urteile, mißte mer eichentlich verwandt sin!"
De Berch hat unserm Kardöffelsche awwer kää Antwort geb un hat soi Nas ganz hoch in die Wolke gesteckt.
Es Kardöffelsche is weitergewannert un in e großi Stadt kumm zu lauter alte Männer, die hen lilane Klääder aagehat.
„Saane mo, wer sin dann Ihr?" froot des Kardöffelsche do die Männer in ihre lilane Klääder.
„Mir sin es Kardinalskollechium. Un mir dirfen net gesteert werre, weil mir missen e neier Papscht wähle."
„Heer ich recht? Kardinalskollechium? Ei, dem Name no mißte mer jo eichentlich verwandt sin!"
Awwer die Kardinäl han garnimmi zugeheert. Sie waren viel zu beschäfticht mit ihrer Papschtwählerei.
Unser Kardöffelsche is weiter un weiter gezoo, iwwer e großes Meer mitte in die Sahara.
Do kummen e Haufe Männer uf Kamele hergeritt.
„Ei saane mo, wer sin dann Ihr jetzt widder?" froot es Kardöffelsche die Männer uf die Kamele.
„Mir sin die Karawane," saan die Männer un

es Kardöffelsche glei druff: „Ei Dunnerwetter, Eierm Name no mißte mer jo eichentlich verwandt sin!"
Do hen die Kamelreiter arich lache misse un dem Kardöffelsche zur Antwort geb:
„Näänää, verwandt simmer glaawich net, awwer wann de willsch, derfsche mit uns no Indie reite."
Un so is unser Kardöffelsche no Indie kumm. Un dort hockts noch heit un meditiert iwwer denne Satz „Döffel isch Karma?"

Kurt Bräutigam

Wortwertlich

De Lehrer froochd: „Wie heeßd ma ään,
wo Mensche morde duud?"
Die Kinner deede gern was saache,
doch känner hod de Muud.

Do schdreggd de Sebb de Finger hoch,
er is de Schlauschd gewese,
un ohne Druggse määnd er dann:
„Den duud ma Mordskerl heeße!"

Die Erbmass

De Fritzl bringt sõĩ Zeignis hääm
mit lauder schleschde Noode.
De Babbe doobd un schreid un schännd:
„Wie kummd dann des, du Schoode?"

Do määnd der Buu: „Des weeß isch nid" –
un guggd ganz draumverlore
– „Sin's Umweldõĩflīß odder sin's
vielleischd aa Erbfagdoore?"

Die abbene Knebb

Die Mamme guggd ins Modehefd.
Do seschd se zu ihrm Sebb:
s gibd jedzd for Herrn e neies Hemm,
des is ganz ohne Knebb.

Do brummd de Mann: Was heeßd do „nei"?
Siegsch, wie modern isch bin!
An meine Hemmer fehle Knebb,
seid mir verheirad sin!

Die gut alt Zeit oder Wie ma was Rechts werd

Die Mamme sacht: Des derf ma nit, was denke do die Leit?
De Babbe sacht: Des macht ma nit, du bisch jo nit recht gscheit!
De Lehrer sacht: Des geht doch nit, wo käme mir do hie?
Die Nochbern sacht: Des duld ich nit, so'n Krach schun in de Frieh!
Die Dande sacht: So redd ma nit, so wie en Gassebuu –
Un wer's aa is, der krittlt rum un gibt soin Senf dezu.
So war's in unserer Jugendzeit,
So wolles heit noch viele Leit:
„Wer brav is un wer folge kann,
des gibt emol en rechter Mann!"

Mudderdaach

Ma soll soi(n) Mudder ehre
am Mudderdaach!
Mid Blumme,
daß die Gschefder bliehe;
mid Pralinee –
die versieße de biddere Alldaach;
mid Schmuck,
daß die Leit aa sehe
wer unserääner is!
Un an de annere Deeg im Johr?
Wie ehrt ma sie do?
Vielleicht mit Ricksicht,
Verschdändnis,
Hilf un Lieb?
Schää weer's!
Was sin doch des for liewe Kinner
wo am Mudderdaach saache:
„Mamme, heit musch du kä Gscherr schbiele,
losses schdehe bis morge!"

De Wasserturm[1]

Im gånze Lånd gibt's Wassertirm,
wie Pilz schdehe die do,
doch so ään wie de Månnemer
den siehschd sunschd nirgendwo.

Er schdehd schun iwwer hunnert Johr[2]
drods Bombe, Krieg un Nood,
un jeder Månnemer is schdolz,
daß er soin Turm noch hod.

Ma hoddn abbreche gewolld
– er war jo ausgebombd –
do hod ganz Månnem rebellierd –
die Reaktion war prombd:

Ma hoddn widder hergerichd
in soiner alde Gschdald,
un wanner aa umschdridde war –
mir Månnemer liewen hald!

Jedsd zierder widder unser Schdadt
als Månnemer Symbol.
De Wasserturm is unser Schdolz,
den gibd's nid nochemool!

[1] Das Wahrzeichen von Mannheim
[2] vollendet im August 1889

Månnemer Dreck

Er hot soi(n) aadlichi Nas
nuffgezooche
un soi(n) Monokl feschtgeklemmt,
wanner dorch die Gasse vun Månnem
gfahre is
un de Dreck issm in soi(n) foini Kutsch
noi(n) gschbritzt.
Do hotter ääfach verbodde,
daß die Leit ihrn ganze Dreck uff die
Gass schmeiße,
sunscht mißtese zwee Daler Schtroof
zahle.
Millabfuhr un Schtrooßekehrer hots
halt dodemols noch nit gewwe.
Des war nämlich Anno 1822,
un der schdrenge Herr Amtmann hot „von
Jagemann" kheese.

Den hawwe awwer die Mannemer Zuckerbekker uff die Schibb genumme:
Sie hawwe „Månnemer Dreck" in ihr
Schaufenschter gelegt,
in lauter klääne Haiflin,
en sießer Dreck aus viele foine Sache.
Hunnertsechzisch Johr hot der schun alle Lekkermailsche gfreet,
Un jetzert kummt die EG un will den Name
verbiete,
weil er in ihrm Verzeichnis vun sieße
Sache nit ufgenumme is.
Uf de Gass gibts schun lang kän Dreck
mehr,
wo ma drin stecke bleibt,
un wanns nooch denne in Brissl gängt, deeds
aa bal kän mehr beim Konditer
gewwe.
Dann deed uns bloß noch de Dreck in
de Luft bleiwe,
der wo vun de Kamin un vun de Autos
kummt,
wo die Bääm schterwe loßt un die Nadur
kabutt macht.
Wann des so weitergeht, bleibt käner
mehr iwwarisch,
wo den letschte Månnemer Dreck verbiete
kennt:
den in de Luft!

Moi(n) Månnem

Ich war doch schun in viele Schdedd,
hab schunn viel Schdroße gsehe;
doch wånn ich dord bin, mechd ich hald
uff unsre Plånke gehe.

Wånn ich ån die Quadrade denk,
die Freßgaß, die Breed Schdrooß,
un ån den schääne Friedrichsblads,
dånn werd moi(n) Häämweh groß.

s gibd iwweraal viel Tirm im Lånd,
wo ich schun gsehe hab.
Doch so wie unsern Wasserturm
gibds kän, lånduff, låndab.

s gibd Schlesser, wo romåndisch sin
verschdeggld hinner Bääm,
doch die erinnere mich bloß
ån unser Schloß dahääm.

Ån viele Ord gibds Fliß un Schdreem
un Bechlin owwedroi(n).
Wånn ich die seh, no seh ich hald
moin Negger un moin Rhoi(n).

Ja, Månnem is e schääni Schdadd,
do is vielleicht was los!
Do kheerd en echder Månnemer hie:
s gibd hald ää Månnem bloß!

Hotte, Hotte, Ressl, in Mannem steht e Schlessl

Vielleicht sehe ich heute alles verklärt durch die Altersbrille, vielleicht auch liegt es wirklich im Zuge der Zeiten: Ich hatte vor und während dem Ersten Weltkrieg eine glückliche und behütete Kinderzeit trotz kriegsbedingter Not und Entbehrungen. Die heute so wohlfeilen Begriffe Streß und Identifikationsschwierigkeiten waren uns Kindern damals unbekannt. Und obwohl Mutter in ihrer alten Küche vom Kaffeemahlen (es waren ohnehin nur Spitzbohnen!) und Teigrühren bis zum Strümpfestopfen, vom Bodenschrubben bis zur großen Wäsche alles von Hand machen mußte, hatte sie viel Zeit übrig für uns Kinder. Dutzende von Spielen mit und ohne Begleitverse sind mir noch in Erinnerung, und es gab für mich keinen schöneren Platz als auf Mutters oder – ehe er eingezogen wurde – Vaters Knien. Da wurde ich gehotzelt und lernte dazu so lustige Verse wie
Hotte, hotte Ressl,
in Mannem steht e Schlessl;
gucke drei Jungfere raus:
Die ää(n) spinnt Seide,
die anner flecht Weide,
die dritt macht Gille, Gille!
Das ist ein volkskundlich interessanter Kinderreim, der übrigens auch mit anderen Städtenamen wie Karlsruh, Bruhsl, Stuggert oder Basl zitiert wird. Es gibt auch einen angemessenen Schluß, etwa: „Die dritt spinnt einen roten Rock / für unsern lieben Herre Gott." Der Reim weist nach verbreiteter Ansicht auf die drei Nornen hin, die Schicksalsfrauen der germanischen Sage: Urd spinnt den Lebensfaden, Werdandi hält und verknotet ihn, und die finstere Skuld schneidet ihn ab. Aber so weit ging es bei uns ja nicht, das Ganze lief in wohliges Gekitzel aus. Das gleiche quietschende Kitzelvergnügen machte es mir auch, wenn Mama Zeige- und Mittelfinger an mir hochmarschieren ließ mit den Worten:
s geht e Männele s Treppele nuff –
do kloppts åå(n),
s geht e Treppele weiter nuff –
do schellts åå(n).
Geklopft wurde dabei an Kinn oder Nase, geschellt wurde durch Zupfen am Ohr. Jedes Zupfen und Krabbeln ist bei kleinen Kindern beliebt als lustvoller Beweis von Zuneigung. So drückte die Mutter zu meinem großen Vergnügen einen Finger in meine Handfläche und sagte dazu:
Do hoscht en Daler,
gehscht uff de Markt,
kaafschter e Kelwl un e Kuh
un e Kriwwelekrawwele dezu! –
wobei Mutters Finger sich nun krabbelnd und kitzelnd in meiner Handfläche bewegten. Zu diesem Krabbelreim gibt es auch den Schluß:
s Kelwl hot e Schwänzl,
Diddldiddldänzl!
Ein ähnliches Kribbelgefühl löste der folgende Kinderreim aus, bei dem der Partner ebenfalls zwei Finger auf das Kind zumarschieren ließ:
Es kummt en Beer (Bär)
vun Konschtanz her
un will de Buwi krigge, krigge!...
worauf wieder das Kind gekitzelt wurde. Man hat übrigens diesen Vers mit dem Konstanzer Konzil von 1414-18 in Verbindung gebracht, wo natürlich allerhand Volksbelustigung mit Gauklern und Bärenführern geboten war. Die beliebten Kniereiterverse sind weit verbreitet und werden von Ort zu Ort variiert. Mir ist noch folgende Fassung in Erinnerung:
Hosse, Hosse Drill,
de Bauer sticht e Fill (Füllen),
des Fillche will nit laafe,
de Bauer wills verkaafe,
Hosse, Hosse Drill!
Auch dabei wurde ich im Rhythmus der Verszeilen auf den Knien gehotzelt. Später, als größere Kinder, haben wir diese Verse zu einem bekannten Kettenreim erweitert, der aber auf ein anderes Blatt gehört. Manche Verse wurden auch hochdeutsch zitiert – die meisten

sind ohnehin Wanderreime. So auch das bekannte:
Hopp, hopp, hopp,
Pferdchen lauf Galopp,
über Stock und über Steine,
aber brich dir nicht die Beine,
hopp, hopp, hopp!
Ob mannemerisch oder hochdeutsch, mir kam's darauf an, daß ich möglichst hoch von Mutters oder besser noch Vaters Knien geschnellt wurde. Das geschah auch bei dem beliebten Vers
Hoppe, hoppe Reiter,
wann er fällt, dånn schreit er,
fällt er in de Graawe,
fresse ihn die Raawe,
fällt er in de Sumpf,
macht der Reiter (des Wasser) plumps!
Bewegung, Aktivität (heute heißt das „Action") war mir immer wichtig. Das fing schon an mit dem Verslein „Hämmele, Hämmele – Schduudzebock!", an dessen Ende Mutter mit ihrem Kopf vorsichtig auf meinen zustieß. Gern mitgemacht habe ich auch bei dem Allerweltsvers mit Händeklatschen:
Batsche, batsche Kuuche,
de Bäcker hot gerufe,
wer will gute Kuche backe,
der muß hawwe siwwe Sache:
Eier un Schmalz,
Zucker un Salz,
Milch un Mehl –
Safran macht de Kuuche geel.
Bei dem langgezogenen Kuuche am Schluß wurde eine unerwartete Bewegung gemacht, die mich zum Lachen reizte. Übrigens müßte es zu Beginn natürlich „Backe, backe…" heißen. Aber da zum einen ja in die Hände gepatscht wurde und da mir zum anderen dabei immer das Zurechtpatschen von Sandkuchen auf der Sandwies vorschwebte, blieb es beim Batsche. Bewegung steckte auch in
Ri, ra, rutsch,
mir fahre mit de Kutsch,
mir fahre mit de Schneckeposcht,
wo es bloß drei Kreizer koscht,
ri, ra, rutsch!
Man packte sich dabei mit beiderseits gekreuzten Armen an den Händen und wechselte die Armlage bei jedem Versende, das dazu stark betont wurde. Bei einem anderen Spiel hielt ein Mitspieler eine Anzahl von Fingern hinter meinem Rücken in die Höhe, die zu erraten war. Dabei trommelte er leicht auf meinen Rücken mit den Worten:
Rumpel di bumpel die Holderstock,
wieviel Hörner hat der Bock?
Hatte ich die Zahl geraten, dann durfte ich rumpeln und bumpeln, riet ich aber falsch, „mußte ich nochmal", und es hieß dazu:
Hättst du recht geraten,
wärst du nicht gerumpelt worden!
Rumpel di bumpel…
Gespannt war ich immer auf den Augenblick, wo ich am Ende eines Ringelreihenverses mich zu Boden fallen lassen durfte. Mein Spielgefährte hatte mich an den Händen gefaßt und bewegte sich mit mir im Kreis. Dazu sangen wir gemeinsam:
Ringele, Ringele Rose,
die Buuwe hawwe Hose,
die Meedle hawwe Reck –
do falle se alle in de Dreck!
Es gab bei uns auch eine Reihe von Fingerspielen. Anfangs ängstigte ich mich naturgemäß beim folgenden, als ich es aber durchschaut hatte, machte es mir viel Spaß, und ich ahmte es nach: Mein Partner drohte damit, daß er mir die Nase ausreiße. Tatsächlich packte er sie, zog daran und zeigte mir dann den aus der schnell zurückgezogenen und geballten Hand herausragenden Daumen. Es konnte dem erschreckten Kind durchaus als seine Nase vorkommen, und ich habe auch ein paarmal dorthingelangt, wo sie hätte sein müssen – und gottlob auch noch war. Diese Geste mit dem durch Zeige- und Mittelfinger hochgestreckten Daumen nennen die Volkskundler „Fica". Sie wurde sogar von Albrecht Dürer in einer Handstudie festgehalten. Ihre Deutung hat freilich mit Kinderspielen nichts zu tun. Unverständlich war mir in der früheren Zeit auch die Behauptung Älterer: „Ich hab elf Finger!" Meine Zweifel wurden dadurch widerlegt, daß der Partner nun die Finger der einen Hand von zehn bis sechs zurückzählte und dazu die fünf Finger der anderen Hand addierte: „Sechs und fünf sind elf!" Und dabei war ich doch so stolz darauf gewesen, daß ich schon mit vier oder fünf Jahren meine zehn Finger abzählen konnte!
Bei einem anderen Spiel wurde mit jeder rezi-

tierten Verszeile ein Finger aus der Kinderhand herausgehoben, vom Daumen bis zum kleinen Finger:

Des is de Daume,
der schittlt die Pflaume,
der hebbt se uff,
der tracht se hääm,
un der klääne Kerl ißt se alle gånz ellää.

Dieser Vers ist in vielen Varianten verbreitet, genau wie auch der folgende. Dabei werden wieder alle Finger des Kindes vom Daumen bis zum kleinen Finger gestreckt. Ich kenne aus meiner Kinderzeit diese Fassung:

Der is ins Wasser gfalle,
der hot en rausgezooche,
der hot en ins Bett gelegt,
der hot en zugedeckt,
und der klääne Kerl do hot en
widder uffgeweckt.

Es gab auch Fingerspiele in fröhlicher Tischrunde. Jeder Spieler hatte beide Hände auf der Tischkante liegen. Auf den Ruf: „Alle Vögel fliegen – hooch!" reckte jeder einen Finger in die Höhe. Es kam darauf an, den gleichen Finger zu „erwischen" wie der Spielführer. Bei einem ähnlichen Spiel wurde deklamiert:

Hänsl un Gretl sin e wacker Paar Leit.
Hänsl is dumm un die Gretl nit gscheit.
Hänsl flieg fort! Gretl, du aa!
Hänsl kumm widder, Gretl, du aa!

Auf einen Finger steckte sich jeder ein Papierhütchen. Auf die Wörter „fort" und „aa" wurde je eine Hand geöffnet über den Kopf geschwungen, bei widder und beim zweiten aa kehrten die Hände zurück ohne Papierhütchen, weil der betreffende Finger eingebogen war. Manchmal aber flog das Hütchen beim Schwung auch allein davon. Das Verschwinden der weißen Papierhütchen erschien mir am Anfang recht geheimnisvoll.

Kinder sind tierliebend. Kein Wunder, daß auch ich als Kleinkind eine Reihe von Tierversen kannte, die vom Häslein in der Grube, vom Fuchs, der die Gans gestohlen hat, „Alle meine Entlein" und was sonst. Damals gab es noch viele Maikäfer. Also sangen wir:

Maikeffer flieg,
dein Vadder is im Krieg
dei(n) Mudder is in Pommerland,
Pommerland ist abgebrennt,
Maikeffer flieg! Aus is de Krieg!

Die Mischsprache läßt den Spruch als Wanderstrophe erkennen. Anderswo heißt es nicht „Pommerland", sondern „Hollerland", das Land der gütigen Göttin Holda, die wir im Märchen als Frau Holle wiederfinden. Es gibt also auch hier eine Anspielung auf altes Sagengut – wen man es so sehen will. Der Klapperstorch, an den wir kleinen Kinder damals noch glaubten, wurde beschworen mit dem Spruch:

Storch, Storch, guter
bring mir einen Bruder;
Storch, Storch bester,
bring mir eine Schwester!

Schließlich seien noch einige Einschlafverse erwähnt, mit denen ich in Schlaf gesungen wurde:

Eia, popeia, schlags Gickerle dood,
s legt ma kä Eier un frißt mer mei(n) Brod.

Es klingt wie eine Variante des auch mir oft vorgesungenen „Eia, popeia, was raschelt im Stroh?" Häufig aber hörte ich die ulkige Parodie eines weithin bekannten Schlaflieds, die auf hochdeutsch gesungen wurde, freilich mit einigen mundartlichen Beigaben:

Schlaf, Kindchen, schlaf,
dein Vater is e Schaf,
dei(n) Mutter is e Trampeltier,
was kannst du armer Wurm dafür,
schlaf, Kindchen schlaf!

Wir haben später, als echte Mannemer Nißkepp, eine große Anzahl von Kinderreimen deklamiert, aber die sind anderswo verzeichnet. Hier ging es nur darum zu zeigen, wie ich als „Kind im Vorschulalter" von Mutter, Vater und meiner um fast acht Jahre älteren Schwester einbezogen wurde in eine echte Spielwelt, die sich natürlich nicht auf die hier erwähnten Kinderverse beschränkte. Aber gerade sie sind mir bis heute in lebhafter Erinnerung geblieben.

*   *

*

Erwin Burgey

Schbinnewewe

E Schbinn sucht sich e schdilli Eck
un denkt, do bringt mich niemand weg,
ich du dem Haus bloß nitze.
Ich hal' die Wacht en Kich un Schdubb,
do fallt kaa Schnook meh' en die Supp,
Gift braucht mer net so schbritze.

Schun dut se schbinne en ehr'm Netz,
ganz ohne Schdreß un ohne Hetz,
mer kennt se grad beneire.
Die Fädcher schbannt se hee un heer
mol runderum, mol kreiz un quer,
s'glänzt alles grad wie Seire.

En zwee mol 24 Schdunn
des Kunschwerk es zu End geschbunn,
sie kann ans Richtfescht denke.
E Pootehammel un e Mott
un aa e dicki Brummschnook hot
se schun em Netz dren henke.

Doch hot die Schbinn zu frieh gelacht,
e Butzfraa kummt, iebt aus ehr Macht
mit Besen, Schrubber, Lumpe.
„Pfui" kreischt se, „pfui e Schbinneweb',
die haß ich schun so lang ich leb'
ich du se runnerschdumpe!"

Die Schbinn glaabt an e dumme Witz
un grawelt dapper en e Ritz –
wem soll mehr heit noch traue?
Sie gebt deswee noch lang net uff,
die fangt glei' aa, verloß dich druff,
e neies Netz se baue!

Dut's net uns Mensche grad so geh'?
Mer plant un schafft, schdrebt en die Heh,
will sich mol ebbes gunne.
Doch eh' mer sich vesieht – em Nu
schlaat's hinnerlischdich Schicksal zu –
em End land mer ganz unne!

Doch bloß wer uffgebt hot verlor,
e klaani Schbinn macht uns des vor,
's dut immer weirer gehe!
Mer braucht dazu halt Kraft un Mut,
e bißche Glick, dann wer's schun gut –
em Kampf gilt's se beschdehe!

Die Herrgottsapothek

Krank sei es heit e deirer Schbaß
fer uns un fer die Krankekass',
's geht en die rore Zahle.
E Doktorbuch aus alder Zeit
vezehlt, wie sellemols die Leit
sich selbscht hun kenne haale.

Die Urgroßmutter war gescheit,
hat hunnert Mittelcher bereit,
Gebreche se kuriere.
Die Pille hat se net gebraucht,
weil all des Lumpezeich nix daucht
bei Mensche wie bei Diere.

Mer geht serick zu de Natur –
em Herbscht do werd e Hefekur
gemacht mit Ferrerweiße.
Der es gesund un reinigt's Blut,
fer Bauchweh sein Kamille gut,
do heert glei' uff des Reiße.

Gee Gicht helft gut de Enzian,
fer Herz un Nerve Baldrian,
mit Linnebliet kannscht schwitze.
De Dorchfall haalt die Hollerbeer,
aach es gesund Hawodelschmeer,
fer Huschte Danneschbitze.

Mit Kimmel 's Esse gut verdaut,
de Gummresaft macht glatt die Haut,
vetreibt die Summerschbrosse.
Melisse halt am länger jung,
Gänsfingerkraut dut unser Lung'
veel besser schnaufe losse.

Waldmeischter, Dausendgüldenkraut,
e Tee vun Pefferminz gebraut,
die wirken wahre Wunner.
Fer jedi Kranket ebbes hot,
die Apothek vum liewe Gott —
kaa Angscht, mer gehn net unner!

Die Viehzählung

Kaa Dauwe ruksen uffem Dach,
kaa Gockel kreht am morjens wach,
es gackst em Nescht kaa Hinkel.
Kaa Gansert geht de Kinner no,
kaa Entche kuschelt sich em Schdroh
em Schopp, em hinnerscht Winkel.

Kaa Schoof, kaa Fillche uff de Waad,
kaa Wutz em Schdall, 's es jammerschaad,
's dut lang kaa Schlachtfescht gewe!
Do brillt kaa Kuh un schdampt kaa Gaul,
kaa Hund dut gauze; 's es was faul
em neije ländlich Lewe.

De amtlich Zehler nemmt sei Blei,
schreibt „Fehlanzeig" en die Kartei
un dut debei sinniere:
„Finf große Höf, gezehlt kaa Schwanz,
des es e traurichi Bilanz,
wu soll des anne fiehre?"

Am End kann mer des liewe Vieh
blos noch em Zoo un Wildpark sieh
bei Affe un Kamele,
un unsre Kinner saat mer dort
des war mol Viehzeich aus em Ort,
heit dut des alles fehle!

Margarete Dagies

D gschenkde Schuh

Ån sellerer Zeit, wu mer Schuh blos uff Bezugschoi hot kaafe kenne, isch d Noutwendichkait dazu uff de Åmts-schdelle entschiede worre. Wi di Kätl zu denne zuschdändiche Männer uffs Rothaus kumme isch, un ihre Bitt wege dem vorgedrage hot, secht de Ratschreiwer: „Was widd du? Neie Schuh? Do wu du nåamusch, kånnsch barfiißich laafe. „Do werd d Kätl awwer bees un ruft: „Un wånns kald isch, un rejet?" Måånt der: „Not legsch die hald ans Bett. Awwer jetzt mach daß d fortkummsch." Dann fihrt er si zu de Diir un schiebt sie grad naus.

Zonnich schelt Kätl laut vor sich nåå, wi si am Wachtheisl vorbeiläfft. Do schdehne a paar Borscht un raache ihr Sigååle. „Was scheltsch dånn sou arg"?, froogt ååner vun denne. D Kätl bleibt schdeh un verzählt, wis-ere uffm Åmt gånge isch. „Ja hewwe die net doi kabudde Schlabbe gsehe, wud åå-hosch?" Sie måånt: „Des hot die net gschdeert. Nausgjagt bin i worre. Mit unseråååm kånn mer des jo mache."

„Sei net draurich", secht do de Ältscht vun denne, „waisch was? Jetzt gesch åns Pfarrhaus un sechsch dort des, was d uns do geklagt hosch. Månchsmool drächt de Briefbott dort Schbendebageede noi. S kånn soi, daß aa Schuh drin sen. Waisch, de Pfarrer kånn jo net schmagge, daß du sou verrissene Dreder ååhosch."

Des isch de Kätl Wasser uff d Miihl gwest. Schnurschdraks isch si åns Pfarrhaus, wu d Hausfraa selwer d Diir uffgmacht hot. Die froogt: „Ja gugg nå, was widd dånn du bei uns heit?" Do schitt si ihr Herz aus un weist ihr verrissene Feldschuh. Dånn frogt sie die Pfarrfraa: „Hääde si net noch a paar alde Schlabbe vun ihrm Månn under de Bedde rumfahre, die wu er nimmi braucht?"

Jetzt werd awwer die uffgebrocht un secht lauder wi sunscht: „Do hert sich doch alles uff! Wie schdellsch du dir dånn unsern Haushalt vor? Bei uns liggt koin alder Gruscht under de Bedde, do werd alli Dääg gebutzt, un schun gar koi abgedragene Schuh. Kumm roi, i will mit moim Mann schwetze, der hot noch Dinschtschuh do, wu em net meh basse. Moi Schugreeß kånnsch mit doine Fiiß net brauche."

Glei druff isch de Pfarrer aus soim Schdudierschdiwwl kumme un hot derre Ååprob zugeguggt, wu aa noch å Pärle vun soine schwazze Seggelen hewwe herhalde messe, weil de Kätl ihr Schdrimpf voller Lecher gwest sen. Gånz gligglich secht si: „Sie basse, un drigge dunne si aa net". Schdolz wie en Pfalzgraf läfft si am Hausgång her un nåå. Dånn bedånkt si sich iwwerschwenglich beim Herr Pfarrer, un zu soiner Fråå secht si: „I kånns gaanet glaawe, daß ihrn Månn grad sou Fiiß hot, wie iich. Dees hääd iich schun friiher wisse messe!"

Am de nägschde Dääg isch d Kätl zu all ihrene Froind gloffe un hot sich mit denne neie Schuh vorgschdellt. Dodebei hot si jedesmool bsunders betoont, daß sie die Schuh blos griigt hääd, weil de Pfarrer die gleiche Fiiß wie sie häb.

Zwiigschbrääch

Zwee Baure dreffe sich ån de Saihoul
mit ihrene Bulldoggs.
Middl uffm Weg werd ååghalde.
Ruft der Oi zum Åndere: „Aa naus?"
Gitt der Antwort: „Ja aa naus."
Froogt seller reduur: „Noimache?"
Secht der: „Joo! Waize!"
Froogt de erscht widder: „Aa nåå?"
Secht der: „Hajoo, aa nåå!"
Rigge alli zwee de Gång åm Bulldogg
noi un ruufe zuenånder: „Alla!"

Schdurmnacht

De Schdurm heilt schaurich um Houf un Haus,
des ächzt, des riddlt un glebbert,
ån Ziggl fällt grachid vum Nochberhausdach,
un s Blech vum Hiihnerhaus schebbert.

D Äscht vun de Birke åm Vorgaade drin,
die beitsche ån d Glabbläde wedder,
bei jedem Bumser un Heiler do mache
d Gäns un Hiihner a gaggerichs Gezedder.

Uffm Buggl an de Houl do orgld de Schdurm,
s Lied in forte uff alle Regischder.
Wer do bei Nacht zu der Ärwet geh muß,
der hot dozu bschimmt gaakoi Glischder.

Dånn duts ån Kracher. Was isch bassiert?
D ald Akazie die isch abgschbalde,
die werd uns fehle mit ihrem Gebliit
un Gesumm vun de Biine, uns Alde.

Jetzt glatschd de Reege ån d Hauswand, uffs Dach,
un de Dohl kånn kaum s Wasser all schlugge,
ån Dunnerschlag knallt, dumpf rollts hinnenooch,
un Blitz durch die Finschdernis zugge.

D Åntenn vum Fernseher schwånkt her un nåå,
daß d Balke åm Dachschduhl fascht biige,
dånn rasselts un pfeifts, s rollt, schiddlt un schdeent,
als ob Gschbenschder durch d Luft deete fliege.

Doo kånn mer net schloofe, ån sou ere Nacht.
Doo schbiirt mer die uriche Gwalde
wu iwwer uns sen, un heere ihr Schdimm:
„Bis do her, sag iich, dånn werd ghalde!"

Wånn isch Friihling?

Friiher hot mer s Friihjohr gschmaggt,
wånn d Sunne hot de Froscht verjagt.
Dånn hot des Erdreich ausgedunscht,
grad wie e Dierle ån de Brunft.

Mer kånn gaanimmi Plätzlen finne,
wu noch di Märzequelle rinne,
un mer di Kresse noch kånn brauche,
weil si net schdinkt, wi heit, nooch Jauche.

Koi Kinder sieht mer Dånzknopf schbiele,
mit Kigilen åns Loch noiziele,
die Raife durch die Gasse dreiwe,
Hopfschbiele uff de Weg nååschreiwe.

D Maid dunne mit de bunte Balle
net meh ånd Scheirediire knalle,
des Zehntl, mit de Fauschd un Hånd,
wu mer hot gschbielt am gånze Lånd.

Jetz werd mim Fahrrad g'rast un g'rennt,
wånn noch sou arg di Sunne brennt,
gehts nåå åns Schwimmbad, mitm Haufe,
vor lauder Leit kannsch net versaufe.

Sou ischs mim Friihling heitzudaag.
Doo kånn mer denke, was mer mag.
Wie solls ån hunndert Johr erscht werre?
Villeicht isch d Erd schun åm verderre!

Die Ausreißer

S isch åme Sunndich morge gwest. D Glogge uffm Kerchturm hewwe grad ausglidde ghat, un de Lehrer hot ååfgånge mim Orgle. Zu denne farwiche Glasfenschder hot d Sunne roigschoint, un uff denne Bladde vorem Aldaa farwiche Kringl nåågmoolt. Uugschiggt hot de Kerchediener die grouß Kerchediir zugmacht, un d Leit hewwe s Oigångs-lied gsunge. Heit will de Pfarrer blos drei Versch dovu(n) hawwe. Des isch awwer åm Lehrer zu korz. Deswege schbielt der noch e bisl Aiges ausm Kopf.
Endlich schdeigt de Pfarrer uff d Kånzl. Er mechts heit recht schbånnend. De Tegschd schdeht beim Brofet Jeremia. Doo, wu der iwwer die sindiche Leit schelde dut, weil denne ååån Herrgott net långt. Wie er dånn lauder wi sunscht die Werder lest: „Wo sind aber dånn deine Götter, die du dir gemacht hast?" doo duts direkt iwwer ehm uffm Kercheschbeicher ån Rumpler, daß alli Leit do nuff gugge. Dånn geht a Gebolder lous, daß mer määnt, die ganz Degg dät runderkumme. Un dånn rufts: „Dort hinne! Dort hogge si! Owwe uffm Balge. Wart! I nemm de Sagg un fång si." Am Pfarrer hots d Schdimm verschlage. Er schwitzt un wischt sich mim Saggduch iwwer de Kopf un s Gsicht. Dånn wart er noch e Weil, bis iwwer ehm widder ruhich worre isch un bredicht weider.
Do kummt de Kerchediener widder zu de Diir roi un setzt sich ån soin Blatz nåå. Der isch glei naus un åns Leitheisl nuff, um nooch denne Schdeerefried zu gugge. Kåum isch de Organischt beim Poschdludium, doo renne schun die erschde vun der Kercheleit voller Naseweis zu de Ausgäng. Un doo erfahre si aa, warum de gånz Zirkus uffm Kercheschbeicher gwest isch. Åm Wassermånn soi deierschde Briefdauwe isch mit åme gwehnliche Deiwerich zum Turtle do nuffgflogge. Un der un soi Buu hewwe des gsehe, un sen schnell hinnennoochgrennt.
Seit sellem Sunndich hot de Kerchediener bis zum Vadderunser jedesmool s Leitheisl zugschlosse, daß kåner meh in Versuchung kummt, während de Preddich do owwe rumzubrille.

*   *

*

Eugen Damm

Meer Pälzer

Länner gäbbts e ganzi Mass'
meer Pälzer sin e b'sondri Rass.
Wammer die Landkaat so betracht,
leihn meer mit unsrer ganze Pracht
mitte im Südweschte droi,
schun immer linkerhand vum Rhoi.
Seit Urzeit hat mer feschtgeschtellt:
Do iss de Nawwel vun de Welt!
Außerdem iss längscht bekannt,
die Weltachs geht durch unser Land.
Die werd, so wie sich dess geheert
seit Johr un Daa bei uns geschmeert.

Die Palz war, dess bleibt unvergeß:
Schablon fers Paradies geweß!

Pälzer Woi un Pälzer Worscht,
Pälzer Leit un Pälzer Dorscht,
Pälzer Wald un Pälzer Rewe –
e Glick in unsrer Palz zu läwe!
Pälzer läwen allezeit
schun immer uff de Sunneseit.
Meer sin, do kummtmer leicht dehinner
em liewe Gott soi Lieblingskinner.
Deshalb kammers werklich glaawe,
Pälzer soi – iss Gottesgabe!

„Ääs" un ich

„Ääs" un ich
un ich un „Ääs"
meer sinn
e bees' Geschpann!

Ich un „Ääs"
un „Ääs" un ich
hänn Zores
•dann un wann!

Doch

„Ääs iss froh
un ich bin froh,
daß 'mer
n'anner hann…"

Die Rätsch

Die alte Rätsch!
Grad alleweil
isse fort.
Un hat die
Deerschlenk aus de
Hand geleht.
Allegebott hocktse do!
Net ameslang hat mer Ruh.
Die alt Baddasch!
Dess Gebriamsel kann ich
ball nimmie heere.
Jedes werd durchgehechelt.
Deggmols!
Ich hall schää
moi Gosch.
Un bin dusma.

Die macht e
Langes
un e
Brääres.
Die will bloß,
daß an sie die Reih
net kummt.
Barduh net!
Wammer do ebbes
saa deet,
deetse am Enn
noch die Schlerr
hänke losse.
Morje willse
widder kumme.
Die alt Rätsch!
Hoffentlich kummtse!

Pälzer Nachtgebet

Wanns owends ruhich werd im Haus –
nor's Feier leis noch knischtert –
de Kauz hockt schun im Gaade drauß,
de Wind im Schornstää pischbert –

Die Nacht leht sich uffs Pälzerland,
de Näwwel kriecht ins Daal –
de Bach glänzt wie e Silwerband –
im Mondlicht grau un fahl –

Dann geh ich oft zu schpeeter Schtund'
ums Haus, so fer mich hie
un guck ins weite Himmelsrund –
wann ich die Allmacht sieh –

Schprech ich leis moi Nachtgebet:
„Gott, leh die schitzend Hand –
uff uns all, vun frieh bis schpeet –
behüt' moi Pälzerland!"

Die Millichkann

Meer hänn dehääm e Millichkann,
die war mol emailliert
sie iss, wie's Kanne an sich hann –
dodal ve'schammeriert!

Die bunt Glasur iss abgeschprung
die Henk ganz schepp ve'boh,
„Ääs" hat'se in die Eh' gebrung,
dess war halt frieher so.

Un wanns die Kann bugsiere deet –
oh weh, dann lernts mich kenne,
ich kann mich ums Verrecke net
vum Millichkännche trenne…!

Die Babbeler

Ich heer gäärn zu, wann Leit ve'zehlen
im zarte, angenehme Ton –
ich will die net, die laut krakehlen
un unnerschwellich klingt de Hohn.

Ich lieb die schtille Unnerhaltung
kää Wort zuviel dohergeredd –
e allzu bräädi Schprachentfaltung
baßt'mer schlicht un ääfach net.

Vun alle Leit lieb ich die Sorte,
die beim Redde Silwe schpar'n
un mit korze knappe Worte
wenich babbeln un viel saan!

Blunz un weißer Kees…

Millichrahm uff trucknem Brot –
Blunz un weißer Kees –
geschabte Riewe, weiß un rot
un Kaddeißerkleeß –

Rappsupp-Schales-Falscher Has –
Räämsch un saure Ribbe,
find'mer widder heitzudags
in so manchem Dibbe.

Dess alles war mol seinerzeit –
fer u'gfähr fuchzich Johr –
's Esse vun de arme Leit
– war aus de Not gebor –

Do kammer saa: verrickti Welt!
Die Schprach kennts ääm ve'schlaa –
heit koscht die Koscht e Haufe Geld
was domols Schmalkoscht war!

Sie iss uns als Relikt geblibb –
heit helft'se Dicke – Runde,
werd deier als Diät ve'schribb
gee' allzuviele Punde…!

Die Schnäbbekabb

Ich traa dehääm e Schnäbbekabb –
wääß net wie ald se iss,
die Schnall iss schun seit Johre ab
un 's Futter iss verriss.

Im Hof, im Gaade un im Wald
muß ich moi Käbbche traa
„Losse ab, die Kabb die ald!",
so schellt als oft moi Fraa.

Ich finn, sie schtehtmer werklich gut,
kanns mancher aa net fasse
un selbscht de allerschänschte Hut
kennt jemols besser basse.

Dürft' ich mol als bekannter Mann
e Doktorhut mer wähle,
wollt ich moi Schnäbbekabb nor hann,
sunscht deetmer ebbes fehle.

Frech un faul…

So e uffgeschtumbter
Schtorze!
So e raulisches
Flääschkichelche!
Wann ich denne
Därrammel sieh,
gehtmer's Messer
im Sack uff.
Jedesmol machter
e Gehies
un e Gehers,
weilmer unser Gass
net kehre deeten.
Schänne Dags hau ich'm
noch die
Kutt voll.
Mol sieh,
ob ich denne net
soweit krieh,
daßer unser
Schtick Gass
mitkehrt!

Pälzer Schprooch

Gell,
sie iss schää,
unser pälzischi Schprooch?
Uffe un ehrlich, derb awwer herzlich,
voller Herz un Seel
ohne Ferz un Schnörkel,
schillernd farwich, gradenaus,
prallvoll mit Lääwe
wie Land un Leit!
Schad,
daß schun so viel Brocke
vun demm wertvolle Schproochschatz
die Grasbach enunner sinn!
Un nimmie redourkummen!
Drum, meer wollen'se hiete wie e Auabbel!
Heeche un pfleeche wie e zartes Plänzje!
Sie iss e Dääl vun uns.
E Schtick Kulturgut.
Simmer schtolz druff,
daß'mer se jeden Daa,
jedi Schtunn
immer widder nei erlääwe dürfen!
Un sinn froh,
daß'mer se hann!

Hermann Dischinger

Dä Friiling

Dä Friiling kummd,
iich schbierän,
än allä Gnochä
reegd sich was,
jeddz will-mä naus
– helld's nemmee aus –
mä muß was unnänemmä.
Lång gnungk bisch änn dä Schdubb drin ghockd,
endlich kånnsch draus wuulä,
doo bisch um jedäs Bliiml frou
un dengsch –
s isch doch ä Wunna,
daß alläs immä widdä kummd
un schdärjer wii dä Winndä isch.

Dä Summä

Dä Summä isch mäi liibschdi Zaid,
doo isch dä Himml bloo un waid,
duu kånnsch jeddz laichdä Sachä draarä
un brauchsch nemmee dä Graarä nuff-
schlaarä.

Do geeni gään änn d Felder naus,
finn jedäsmool än scheenä Schdrauß
un maischdens ebbäss zum Essä,
dä Wissädufd net zu fegessä.

Oowäds kånnsch drauß hoggä blaiwä.
D Kinnä schbiilä äm zeenä noch Raiwä,
wollä, wånn's hell isch, aa net änn-d Fall,
un gradsou geeds dä Alldä all.

Herbschd

D Bleddä fallä,
fallä wi-än jedäm Jåh(r)
doch wii's fegeed,
kummd-mä immä schnellä vå(r)

D Sunn schmaisd Schaddä
viil lengä wi-äm Summä,
dä Moond dudd aa
äm Oowäd frijä kummä.

S leffd alläs schnell,
viil zu fluggs fegeed di Zaid,
s geed nemmee lång,
dånn isch dä Winndä aa net waid.

Wainachd

S wädd schdill,
mä waad uffs Grischkindl.
Ä ajäadichi Schdimmung
liggd än dä Lufd.
S isch net sou wi sunschd.
Aa d' Laid sen ånnäschd,
viil menschlichä.
Un än månnichä schdarjä Månn
griigd än Wainachd
Dreenä än d Aarä.
S isch di Zaid äm Jåh(r)
wu månnichä noochdengd
un zum Schluß kummd,
wånn na s gånns Jåh(r)
Wainachd wää.

I fraai-mi

I-fraai-mi,
daß dis gid,
un dengg aa ånn-di
uf Schridd unn Dridd.

I-froog net,
was uunä diich wää,
bai dem Gedånggä
wäd s Herz gånz schwää(r).

I-fraai-mi,
daß dis gid,
ge duu mäi Leewä
aa waidä mid.

Waadä

Ällååi,
s Schdeggl än dä Hånd,
dä Huud äm Gsichd,
sou hoggdä doo,
uffäm Benggl,
un waad.

Waad bis ebbä vebai leffd,
„Gun Dach" sechd,
vellaichd ä Minudd Zaid hot,
ä Wail schdeh blaibd,
ä paa(r) Wort sechd,
oddä ä bißl zuuhårrichd.

S isch selldä gnungk,
daß ebbä leffd
– oddä Zaid hot –
wuu doch haid alläs
middäm Audoo fääd,
daß schnellä geed.

Iich bin doo

Ofd sen däi Gedånggä driib,
driiwä wi-än Winndädaag,
doch sie wärrä widdä hell,
wail jo waaisch, daß-i-di maag.

Effdäs siddsch aa än dä Egg,
waaisch net, was haid machä sosch,
s geedä awwä widdä bessä,
wånn dråå dengsch, daß miich noch hosch.

S Leewä isch ofd gar net laichd,
wärsch fum Schiggsaal effdäs gschlaarä,
doch wånn aa ald un bugglich bisch,
iich binn doo zum hellfä draarä.

Raich

Liiwä
raich
un gsund
wi
arräm
un grångk,
hot selli
Fraa gsaad.

Bis geschdänn
waa-si
raich un gsund.

Haid hot-si
dä Schlaag
gedroffä.

Mä kånn halt net alläs hou.

S Wichdichschd

Gsundhaaid
isch wichdich,
un Friidä
un Gligg.
Un s'Gelld
naddiirlich.

Doch wånn-i
alläs heed,
ååns deed-mä
immä noch fehlä.

Duu.

      *   *
        *

Susanne Faschon

In Mundart dichte

's is mer manches
zu vil gsaat,
was ich hochdeitsch
ausdricke will.
Die Werter simmer
uff äämol zu groß,
als wann ich
e bißje was Gudes
in'me brääde Hääbche
a(n)richte wollt.

Herz un Schmerz

In meine Gedichte
kummt des
Wort „Herz"
arig oft vor.
Des is,
literarisch gsieh',
gar net gut for
die Qualidäät.
Awer wann ich
die Wohret sa(gen)
will –
un for was sunscht
soll'n Gedichte
dann gut sei –
kumm' ich um denne
Kerperdääl
ääfach net rum.

*

Unner Veschluß

Weil mei Gedicht
alles uffhebt,
was uns glicklich
gemach hat,
is es wie e Etwieche,
wo iwer was Koschtbarem
zuschnappt.

Des isses schun

So zeigt sich's Glick:

e Bienche,
wo mit goldne Hosse
um dich brummt:

e Schwalb',
wo durch e blooer
Himmel blitzt:

e Hansgebiebche,
wo sich uff dei Hand
ve'errt.

Merk's, merk's,
eh's fortgflo(gen) is!

Hansgebiebche = Marienkäfer

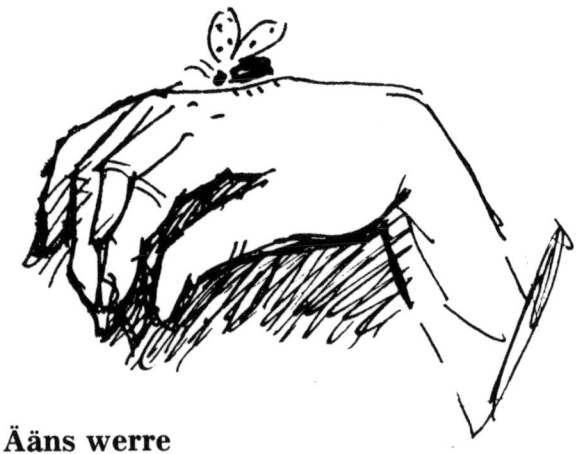

Ääns werre

Liewesleit
määnen geern,
daß se ääns weer'n.
Awer sie sin wie zwää
Vechel am Fenschter,
wo sich sieh'n un
bewunnern un durch
die Scheib' nanner
peife heer'n.
Sie picken vun hiwwe
un driwwe
un mieh'n sich villeicht
ehr ganz Lewe.

Manchmol knerschelt's
e bißje.

Thermometer

Wann de mich
an dich ziehscht
un mich waarm hallscht,
stei(ge) ich hoch
un wachs' silwrich
iwer mich naus.
Wann de mich gehe loscht,
fall' ich so dief,
daß mer mich neegscht
nimmi sieht.

Schää, wammer so alt un
als noch e Quecksilwer is!

Uff de Oowebank

Nix mache.
Nix redde.
Nix denke.
Nor wisse.

So waarm han,
als wammer net
vorrer Stunn'
schun es Scheere
vegess' herr'n.

Kunschtwerk

Des Bild,
wo ich mer vun der
gemach' han,
war schänner,
als wie de
in Werklichkäät
bischt.
E Wunschbild,
wie mer sich's
zammeträämt,
wammer veliebt is.

Jetzt, wo mer
älder wer'n,
nemmt dei Ähnlichkäät
mit mei'm Bild
immer mäh zu.

Mei Doote

Ich han neegscht
mäh Freinde
im Himmel als wie
uff de Erd'.
An so Kumpanjohne
kammer sich halle!
Die hän endgiltig
hinner sich, was
unserääns uffreegt
un manchmol sogar
e bisselche schofel
macht.

Johannes

Manchmol denk' ich
iwer jemand nix
Gutes.
Wann ich do grad
in dei'm Zimmer bin,
renn' ich naus,
weil ich mich
vor der schenier'.
Wann ich serick in
dei Stubb' kumm',
han ich aa widder
Friede.

Die Kraft vum Gute
lebt lang.

Helf' mer

Wann ich traurig bin,
kann ich net
trääme.
In der Kruscht', wo
mer dann iwers Herz
wachst,
geht kää Same mäh uff.
Wann de mer e gut
Wort gebscht,
flie(g)t mei Seel'
widder leicht
wie die Schermcher vum
Leewezahn.

Marliese Fuhrmann

Ins Ohr gepischbert

An manche Daa spier ich in deine Werter
ebbes wie Winter hänke un wie Rää
un alles, was du saascht, trefft mich viel härter
un 's is, als leit uff meim Gemiet e Stää.

Doch heer ich annermol die Glocke leite
in deiner Stimm, so summerwarm un hell,
sieh uff Friehjohrswisse Fille weide
un meecht dich kisse, froh un uff de Stell.

Ich redd mit der schun so viel lange Johre,
bei Daa un Nacht, mol lauter, mänschtens leis;
heer ich dich net, dann han ich was verlore
un merk, wie ich die Zäh zusamme beiß.

Ebbes Rares

Du kriescht se net fer Geld un gute Worte,
un willscht se halle, wäscht de noch lang net wie;
sie wohnt allä, an abgeläne Orte
treffscht de se a(n) in aller Herrgottsfrieh.

Sie is beriehmt bei Denker un bei Dichter,
un frisch Verliebte brauchen nix wie sie;
du spiersch se recht bei schummerische Lichter;
kä Menschekind hat se bis heit gesieh.

Sie is empfindlich wie die Friehjohrsblumme –
ä rauhes Wort, schun fiehlt se sich gesteert,
bloß in de Nacht, wann still die Newwel kumme(n),
do fiehlt se sich no ehrm Geschmack geehrt.

Du finscht se net uff bräte Autostroße,
un aus de Städt, do isse längscht vetribb,
im Haisermeer dut se zum Rickzug blose,
in Feld un Wald, do isse net geblibb.

Es is die Ruh, wo viel vun uns vemissen,
sie geht velor, eh mer uns recht vesiehn.
Die Ruh geht fort un wo mer's all schun wissen,
dut sich um sie so recht kää Mensch bemieh.

Im Voriwwergehe

Dei(n) Aue hämmer zugelacht,
do hat mei(n) Herz e Hups gemacht,
mer hän uns hämlich zugenickt
un still veträmt die Händ gedrickt.

Veliebt sin mer minanner gang,
hän Sternschnuppe am Himmel gfang,
im Sunneschei(n) kä Schatte gsieh
un Kuschemucke schnell vezieh.

Was lernt mer schnell minanner laafe,
minanner redde, Kinner daafe,
daß Äner fer de Anner steht,
die Ohre gspitzt, wie 's Lewe geht.

Mer sin dorch Dick un Dinn gestiwwelt,
bal blost de Wind, bal hot's gekiwwelt,
uff Eis geritscht, im Schnee spaziert,
mol geht's im Trott, mol hot's pressiert.

Heit wannern mer im selwe Schritt,
kummen ganz selten aus em Tritt,
Ecke un Kante sin geschliff,
Schikane hän längscht abgepfiff.

Langsam werd em Herbscht zu gschläppelt,
minanner in de Wald getäppelt,
so wie es Laab an unsre Bää
rascheln die Johre trieb un schää.

Kuschemucke = Heimlichkeiten

Na!

Na!
Na alla!
Na alla dann!
Na alla dann mach!
Na alla dann mache mer.
Na alla dann mache mer halt.
Na alla dann mache mer halt so weiter.
Na alla dann mache mer halt so weiter wie bisher.

Gscheite Gspräche

Alle Daa steht e Mann im tchibo
er trinkt sei(n) Kaffee
un vezehlt mit seine Kumpane.
Sei(n) Fraa ging's ganz Johr rätsche;
kä Daa vegeht, wo se net fort is,
saat er, un wann er hämkäm,
det's Esse net uffem Disch stehe,
die Kisch wär kalt, net uffgeraamt
un die Better net gemacht.
Wo 's doch sei(n) gutes Recht wär,
daß er sei(n) Ordnung hätt.
Dodevor han ich doch dreißig Johr
bei's Paffe an de Werkbank gstann,
bin vun morjens bis owends getrietzt wor
un han am Erschde de Zaschder dehäm abgeliwwert.
Mei(n) Fraa hat derzeit schäne Daa gehat,
die drei Kinner großgezo,
däs bißje Haushalt gemacht,
de Gade un die alt Oma betreit.

Pälzer Moße un Gewichte

Frieher meßt mer, un däs war kä Schann,
mit Elle, Fuß, mit Lot un Spann;
heitsedags, däs wääß e jeder,
nemmt mer Kilo, Gramm un Meter.
Unser Pälzer Maßeinheite
kennen nor die Ei(n)geweihte:

E Zibbel Worscht, e Schoppe Wei(n),
e Schliwwersche vum Sunneschei(n),
e Stumpe Mehl, e Knerzje Brot,
e Stänner Bohne, gut gerot,
e Boll voll Supp, e Peetsche Salz,
e Dibbsche echtes Grieweschmalz.

E Häbsche Milch, e Läschtsche Holz,
e Finkelsche vum Pälzer Stolz,
e Stall voll Vieh, e Waa voll Mischt,
un Grumbeer als e ganzi Kischt;
die Woch emol e Kochend Kraut,
e Platt voll Knepp, do werd gekaut.

Im hinnerscht Eck kä Riwwel Dreck,
e Ding voll Leit, patent un queck,
de Kopp voll Plän bei Daa un Nacht,
die Gärder voller Blietepracht,
zum Schluß e Schippsche rorer Sand.
Adsché, du Sticksche Pälzer Land.

Was heit die Bach enunner geht…

Die Hand uff 's Herz, es dut mer läd,
was heit die Bach enunner geht.
Bischt frieher die Chaussee annegang,
hän newe Stunnestää gestann,
un knorzig alte Linnebääm,
do hascht gewißt, do bischt dehäm.

Die Wissedäälcher war gemeht,
weil jeder die Natur vesteht,
Bachbetter waren ausgehobb,
die Gräwelcher noch net vestobbt.
Am Rech, die zworzeliche Weide
dut mer fer Kerb im Friehjohr schneide.

Un wann de Maulwurf Hiwwel drickt,
dann simmer'm uff de Belz gerickt.
Die Stää un Wacke in de Wiss

warn uffgelääs un rausgeschmiss.
D i e Awet macht uns heit so mied,
wen wunnert's, wann kä Blum meh blieht.

Was heit die Bach enunner geht,
wan'd richtig higuckscht hascht kä Frääd:
Gehscht in de Wald, kriescht glei die Kränk,
de stäner Disch un all die Bänk
hän se geliwert, sin kaputt
un rings im Kräs leit nor noch Schutt.

Die Vochelkäschte an de Bääm
sin Zielscheib fer die Buweplän;
noch am'me holzne Wegweisschild
hän se ehr Wuuluschte gestillt,
un sie lachen sich noch schepp!
Was geht nor vor in denne Kepp?

Im Wald, an stille Stelle finnsche
noch so manches altes Brinnche.
Was gilt die Wett, däs hat de Dalles!
Korz un klä geschla is alles.
Jetzt fro ich dich, dut der's net läd,
was heit die Bach enunner geht?

Ehrlich gesaat, ich wer meschugge,
du ich mer unser Wald a(n)gucke,
im Schlag do leien halwe Bääm.
Wer brennt dann heit noch Holz dehäm?
Kä Mensch braucht heit noch Erbsehecke
ore fer die Bohne Stecke.

Papierkerb sin im Wald nor Zier,
sin net fer Dose un Papier.
Wer kennt net die wieschte Bosse,
wann se alles falle lossen.
Daß däs die Menschheit net vesteht,
was heit die Bach enunner geht.

1945

Im Spootjohr nachts, 's brennt lichterloh
die Stadt, do simmer fortgezo,
's Neerischt uffem Wäälsche.
Raus aus dem hellisch Gewiehl
zu de Vewandte in die Miehl
im stille Wissedälche.

Mer dälen dort se viert ä Zimmer
un waren froh, fer viel war's schlimmer
in dere kalte kranke Zeit.
Dunkle Gedanke dauschen mer aus,
un Daa fer Daa lauscht mer enaus,
mer frot sich bang: Die Krieg – wie weit?

Vum Dunnersberg – Kanonedunner,
mer missen in de Keller nunner
un isser noch so naß un kalt.
Die schwarze Spinne in de Ecke
dun mer mit unserm Greine wecke,
eng beienanner Jung un Alt.

Ä lauter Knall un 's Licht is aus.
Wer hängt de weiße Fahne naus?
Die Kinner krawweln ins Stroh.
Dann gäbts noch e Gedischbedier,
wer macht de Dolmetsch, de Kurier?
Gell, Mamme, du bleibsch do!

Gä Owend herscht Gerassels brumme,
sin 's Alzensdal eruffzus kumme,
vesteckelt in Eise un Stahl.
Sie schießen wie wierig druff un druff
Granate in de Hohwald enuff,
es bollert un kracht iwweraal.

Bleigroer Morje kummt dotestill,
bringt fer uns all e komisch Gefiehl,
's is uns noch net ganz gehcicr.
Griene Zelte in Newwelwisse,
wo mer immer higucke misse,
stehen wic hinner me Schleier.

Fremde Soldate durchsuchen 's Haus,
Drehn alle rum, buschiern alles aus,
nemmen Veschiedenes mit.
Manche sin schwarz mit ganz weiße Aue,
die mer vor Angscht net a(n)gucke trauen,
ahnen net, was mer schun gelitt.

Lange Kolonne, Laschtwää un Tross
stehn in Schlange uff de Kaiserstrooß,
pressieren, kummen net weiter.
Die klänschde Kinner kummen geschlich,
betrachten die Fremde vewunnerlich:
Viel redden deitsch un sin heiter.

* *

*

Gisela Gall

Friehling

'S Maigleckel lait,
de Guguck der schreit
widder geheerisch.

Irschendwer singt,
e Lämmel des springt
klää un gelehrisch.

Trotz Peschdizid
die Bien werd net mied,
fliescht wie besesse.

'S Waldsterwe hab
vor lauder grie Laab
fascht ich vergesse.

Summer

Korn un Gerscht stehn raschelderr,
drumerum schwerrt Grillgezerr.
Alles brietet in de Hitze
un die Erd kriet Riß un Ritze.

'S Gras is arisch schun versengt,
net ää Wolk am Himmel hängt,
Sunn brennt hääß un uhne Gnade,
ausgetrickelt leit de Gaade.

Summer dut kää End me nemme,
Treibgas unser Wedder hemme,
in de Atmosphär e Loch,
jee, die Sunn verbrennt uns noch!

Herbscht

Was geschdern noch Strauchbliet,
als Beer glänzt es heit;
die Sunn guckt schun halbmied,
jed Ding hot soi Zeit.

Die Trauwe am Woistock
ball gärn se im Faß;
so gäbbts noochem Maibock
im Herbscht noch en Spaß.

Doch Pilze sellscht meide
wääm Cäsium un Blei,
die giftfreie Zeide
die sin jetz vorbei.

De Drache heit uffsteit,
's gääl Blatt awwer fallt,
's hot alles soi Johrzeit,
so ischs Läwe halt.

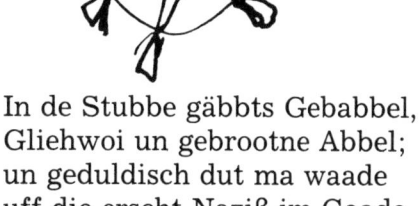

Winder

Veschel heerscht jetz nimmi viel,
still ischs worre, feischt un kiehl;
alle Bääm stehn nackisch, leer,
nirschens siehscht e Blimmel mehr.

Alles zieht serick soi Säfde,
sammelt innewennisch Kräfde.
Schnee un Eis jedoch, 'sch bin sicher,
findscht ball nor in Bilderbiecher.

In de Stubbe gäbbts Gebabbel,
Gliehwoi un gebrootne Abbel;
un geduldisch dut ma waade
uff die erscht Naziß im Gaade.

E halwie Frääd

E Frääd so ganz fer mich allää
is allemol bloß halb so schää.
es dut mich werklich arisch quäle,
wann ich was net mit dir kann dääle.

Nor wann ich zamme huck mit dir,
macht Woi un Musik erscht Plaisier;
un aach die Tort vun unserm Bäcker,
die schmeckt allää bloß halb so lecker.

Selbscht 's Fluche, 's Schälde, wääschde was,
macht uhne dich jo gar kään Spaß.
Egal, was ich aach due dääd,
allää wärs bloß die halwe Frääd.

Drinklied

Drink mit mer den goldne Woi,
genieß, was grad de hoscht,
dabber loß doin Kummer soi,
der lohnt sich eh net. – Proscht!

Kumm, vergeß die alde Sorsche,
's Knoddre liewer loscht,
frää dich heit un glaab an morsche!
Uff es Lääwe! – Proscht!

Ää Stunn fer dich

Alles is uff ämol nimmi so eilisch
un net mehr so wischdisch,
denn ich waat uff dich.
Im Aacheblick
zählscht norre du.
Jeden Moment kannschde do soi.
Die Minudde zockle vorbei,
ääni nooch de anner.
Sie gheeren all doi.
Ich wollt noch e bissel
in die Zeidung gucke,
awwer moi Gedanke
wannern immer widder zu dir.
E vierdel Stunn is jetz erum,
un noch ääni,
un dann noch ääni,
viel zu viel schun.
Ich laaf ans Fenschder
un wääß,
du werscht heit nimmi kumme.
Awwer ää Stunn vum Daach
war ich do,
norre fer dich.

Georg Jakob Gauweiler

Nadierlich simmer Krischer

Manschmool,
ich gäbs zu, duun meer grageele,
uhne Grund,
un weil's äm grad sou gfallt.
Dann eschs Kreische
Labsaal fer die Seele
un ersetzt e Abodeek voll Pille.
Saache will ich nix:
Doch Vorsicht vor de Schdille.
Un wer lang kreische duut,
der werd lang alt.

Was gitt's Schäinres
als se dischbediere
amme Wärtshausdisch beim Schobbe Wai?
Geht's um Boledik, dann simmer vorne,
dobei find en Pälzer ach kää End.
Ja, des kannscht am Temprament
dann schbiere,
dozu braucht uns känner se verfiehre
dann des esch des pälzer Element.

Ja, wer weer mer dann,
wammer nit kreische deeren?
Nix!
Ja, dann weer en Pälzer doch fer jeren
blouß e groußi, lääri Kaffeebix.

Schdell der vor,
sou Schdicker halwes Dutzend
Mannsleit
hucken amme Disch,
un wann all debei was saache wänn,
dann des esch ehr Recht im Pälzerland,
un wie jeerem uf de Wält bekannt
hot en Pälzer vun Naduur Verschdand,
un des bsunnerschd amme Wärtshausdisch;
allo – weern se dumm –
gäbs kää Gekrisch.

Wer was saache will,
der sell's halt saache,
uns wer's saache muß,
der sell's halt blärre.
määnscht meer halden's Maul,
dann duuscht dich schnärre,

wer was se saache hot,
der bleibt nit schdill.

Huckt do änner
wie en Leichebitter,
un er muckst sich ums Verrecke nit,
der esch krank
un macht was Bäises mit.
Saufder änner, schbeelt sei Ald Gewitter,
machder's Maul uf, gibtse ehm en Dritt.

Doch wer luschdich schwadroniere duut,
dem sai Härz duut alsfort iwwerlääfe.
Ja, der hot dehäm e Zuckerschnuut,
un die deeder nit fer Geld verkääfe.

In de gscheidschde Biicher
hott's als gschdanne
kummt en gscheider Mann als zu uns anne
esch der männschdens baff
un aich verwunnert
wie's aus unsre Kebb als blitzt un dunnert
dann die Pälzer, die sin helle Leit,
mäh als annerschdwuu
un dobbelt gscheit.
Des kummt nor vum Demograadebluut,
siehscht wie's wallt
un braust un pocht un zischt,
un e wohres Wort, des duut äm gut,
weil mers auswärts nit sou oft verwischt.

Daßmer kreischen
määnt halt, daßmer's wissen.
Daßmer's besser wissen, määnt's dezu.
Erscht wann meer mol misse missen
simmer schdill
un dann hot de Bloosarsch Ruh.
Määnscht du dann
die Pälzer weeren schdill,
wannse nooch de Leich
beim Kaffee hucken.
Des glääbt vun de Pälzer
nor wer will.
Gitt's dann Wai un dozu druckne Kuuche,
wäärn selbscht die,
wu in der Käich als nucken,
wirrer wacker, un sie duuns versuuche,
sich Geheer verschaffe im Gekrisch.
Do geht's riwwer, niwwer, ruff un nunner.
Daßmer do als noch e Wort verschdeht
des esch un bleibt e Wunner
amme Leiche-Kaffee-Kuche-Wärtshausdisch.

Weil die Pälzer sou bescheire sin
un fer d annre hinne drunne lichen,
bringt blous s Kreische alsemol Gewinn,
drum esch s Kreische ach bei uns kää Sinn.
Wer do owwe an seim Peschdel klääbt,
unser Geld will, wanners nit schun hot,
macht sich doch fer unserääns nit blott.
Dem muscht kreische,
dasses nor sou schdääbt.
Deeden die uns nit
mit dääwe Ohre deische,
braichten meer ach nimmi
sou se kreische.

Wie mer sieht, gitt's noch kään ächde Grund,
daß die Pälzer bletzlich mol verschdumme,
häichschdens dasse mol verdumme,
wann se blous noch in die Glotze gucken
mer kinnt kotze
dasse nimmi zammehucken,
um bei dem Gekrisch un Driwweliere
selwerscht mit Gekrisch als se browiere,
sich Geheer un Achdung se erringe,
um mim Kreische s Kreische se duichdringe.

*

Nauszus

Nauszus geht's,
mer mäikt's verwunnert,
noochmiddaachs bleiwt's länger hell.
Die Naacht wärd kärzer, nimmi länger,
un dräbbelt nit uf änrer Schdell.

Wannd ach fer des Flääsch se schneire
meddaachs Licht aaknibse muscht,
kannscht die Daach doch besser leire,
als den groe wiischde Wuuscht,

als die draurichdunkle Daache,
wuu's um fimfe Nacht gleich esch,
wu sich schwarze Wolke jaache:
drauß esch's naß un drieb un fresch.

In de Wingert dickvermummelt
schdäin die Winzer drauß im Feld,
zwicken ab die Räwezwacke,
bloo die Naas un kalt die Backe.
Wann de Winder ach noch brummelt,
's wärd em doch de Wääch verschdellt.

Frescher Wend die Wolke dreibt.
Feine Naase schnubbrens schun,
kän Schnee kummt mäh, wu liche bleibt,
mer ahnt, sie kummt, die Friehlingssunn.

In die Knoche kummt e Reiße,
's Werrer ännert sich mit Macht,
un du dräämscht vun ännrer weiße
Kärschbääm-Friehlings-Blierebracht.

Nauszus geht's,
ach wannd nix säähnschd.
's licht was Bsunnres in de Luft,
wannd's nor fiehlscht, un wannd's nor määnscht
un wannd heerscht, wie's nochder ruft.

Referenz fer de Riehl

De Wilhelm Heinrich Riehl
hott vor zich Johr gsaacht,
daß die Palz alles annre wär
wie e Land vun Dichder un Denker.
Recht horrer heit noch.
Dichder esch
die Steicherung vun dicht,
un daß Dichder
nit ganz dicht sinn,
wääß bei uns jeeres Kinn.
Sie kinnten jo ach
was Aaschdänniches schreiwe,
sofer Zeich wu Geld bringt.

Un weil vum dem Denke
noch känner satt worre esch,
scheinen die Denker
ausgschdorwe se sei,
scheint's verhungert.
Wie kammer ach fers Vergnieche denke.
Denke nurre sou, was soll des?
Haichschdens, wann's um de Vordel geht!

* *

*

Else Gorenflo

Summer

Summer isch, s isch gliedich hoiß,
koi Lifdle dud sich reeje.
Von alle Stirne rollt de Schwoiß,
bringt ei de Ernteseeje.
Die Wäge voll, die Garwe haam,
gedrosche un gegawelt,
bis voll die Säck', s Hoi uff de Beck.
En jeder schafft un zawelt.

De Duwack steht un wachst un blitt,
koin Hagl driwer gange,
Krombeere grode, wie mer sieht,
mer kann scho a paar lange.

Morjeds am finfe scho in Eil,
mer hot noch koi Maschine:
A Fuhrwerk hot mer, Kih un Gail,
koin Draktor zum Bediene.
Mit „Oha", Beitsch' un „Hischd" un „Hodd"
dud mer ins Feld naus fahre:
A Fässle Wasser, frisches Brot,
de Aufschnitt dud mer spare.

So kommt en ganzer Summer lang
jez Frucht um Frucht en d'Scheier.
Wachst alles gut, zum Erntedank,
dann gibts a große Feier. –

Eigfädelt werd grad um die Wett.
A Beig, hoch von Bandliere.
De Duwackdreck babbt wie a Klett'.
Mer kann kaum d'Finger rihre. –

A Bänkle war noch vor em Haus,
zum Sitze un zum Schwätze.
Großvadder klopft sei Pfeifle aus
un dud sich widder setze.

Er ziegt un pafft, doch ischs scho aus,
weil des jo net viel koscht,
dann schickt er schnell noch ons ens Haus,
des bringt a Kriegle Moscht.

De Nochber kommt un sitzt dazu.
A Stihle werd nogschowe.
Sie genne sich a bissel Ruh';
denn s gibt noch Feierowed.

Un d'Kinner spiele uff de Strooß
mit Danzknopf, Klicker, Stelze.
Koi Auto stört die gloine „Bloß",
wenn se im Sand sich wälze.

Un niemand hot do die Idee,
em Sundag was zu schaffe,
mer hod noch gwißt, es geht um meh
als bloß um Geld zu raffe.

An langer Zug de Strooß entlang
isch noch en d'Kärch vorgloffe.
Wer später war, wie war's dem bang:
„Isch d'Kärchedeer noch offe?"

Middags war 's Beschde uff em Disch,
was Kich un Keller gewe.
A Middagsschläfle macht se frisch,
needich zum Iwerlewe.

Sundags em Sessel hinnerm Haus
aus Weide un mit Kisse:
D'Großmudda rugt sich do drin aus
un lest un döst a bissl:
A große Biwel uff em Schoß,
a Brill un a paar Bläddle,
an schwarzer Zopf, so rießegroß,
an langer Rock mit Fäldle.

Un hot mer Glick un sitzt drum rum,
dann dud se was verzehle
von friher, wo se selber jung,
un von de Makribele,
vom Nachtgrab un vom Wandersmann
un von de Elwedritsche,
vom Handwerksborscht noch, dann un wann
von de Zigeinerpritsche.

De Vadder fahrt uff d'Äcker naus
un guckt, ob alles ewe.
Oschließend macht er dann a Paus
zum Verdele em Löwe.

Do schwätze se dann des un sell
un werre manchmol hitzich,
beruhiche sich widder schnell
un nemme alles witzich. –

Des Sundagsgeld war abgezählt,
viel kann mer net vertrinke,
weil's unner dere Woch' dann fehlt.
Deham deed Ärger winke.

So rundet sich de Sundag schnell.
A harte Woch denoch.
Kraft isch getankt for alle Fäll'.
Jez widder unners Joch. –

Heit hemmer's leichter – neie Zeit –:
Koi Bänkle meh zum Sitze.
Die Technik macht fast alles heit.
Was soll der Fortschritt nitze?

Koin Sundag meh, koi Zeit for d'Kärch.
Mir schaffe, halde Schritt.
Un hoch em Himmel singt a Lärch'
mir kriege nix meh mit.

Mir schaffe: Däg voll bis an Rand.
Zeit fliegt vorbei wie Wind,
un was noch üwrich – isch wie Sand,
wu uns durch d'Finger rinnt.

Mir müsse endlich widder zrick,
mir müsse nei uns bsinne.
Isch was mir heit henn
wirklich 's Glick? –
Odder liegts ganz dohinne?

Mir stehn mit Wisse un Verstand
doch vor verschlossene Dore.
Mir hen so viel heit en de Hand
un hen doch viel verlore.

Winter

De Nordwind blosd, s isch bidderkald,
un d'Schdoi un d'Boi sin gfrore.
Zieg d'Hensching on, de Kiddel zu
un d'Kabb feschd iwer d'Ohre.
Hol d'Schlittschuh, d'Schdiffel owe runner
un guck, ob alles baßd.
D'gloi Bach isch zu, s isch wie a Wunner,
daß mer net nunnerkracht.

Jez nuff an d'Schließ un widder zrick,
koi Mensch schbird meh de Wind.
Mer fihrd sich, schderzd, net arg zum Glick;
bis mer de Haamweg find.
Wenn's Bädglock leit, dann isch's soweit,
jez awer nix wie haam.
D' Großmudda hot 's Deerle uff
un Kuuche voller Rahm.

Sie hengd die nasse Gläder uff
zum Driggle iwers Säl,
de Dampf schdeigd bis ans Blaffo nuff,
s gibt Oier gwiddegäl.
Un Offenudle neigedunkd,
un Milich, warm un sieß.
Koin Kenich hods so gud je kadt
s war s roinschde Paradies.
De Hunga kommd do von aloi,
die rode Backe glihe,
un d'Auge werre schwer un gloi,
mer dud sich nimmi mihe.
Mer falld ens Bed, schlofd wie an Graf,
wachd uff un loßd en Schroi:
„s hod gschneed, s hod gschneed,
's isch alles weiß!"
Jez fräd sich groß un gloi.

*   *
*

De Roßkopf raus un d'Stächler gschbizd,
un nix wie naus an Schnee.
Wer awer gar en Rodler hod,
for den ischs bsonners schee.

De Baaschlidde fahrd middags rum.
Die Gail, die hen zu zieje.
Mit „Hischd" un „Hodd" gehds her un no.
Die weiße Flocke flieje.

Des ware Zeide friher noch;
oi Schdibble war bloß warm.
Un denkd mer zrick, so wäs mer doch,
s war schee. Mer war wohl arm.

Doch ons war noch fors anner do,
un zamme hod mer ghalde.
Mer frogt sich: „Ischs heid a noch so
bei Junge un bei Alde?"

Grad losse

Grad losse, 's Läwe machd manchmol Bosse.
's fehld uff de Läder emol en Schbrosse.
Du dabsch denäwe, 's gehd alles en d'Hosse.
Isch Zeid verflosse, werd's abgegosse;
musch's driggle losse.
Em Eifer werd viel zeviel Bulver verschosse,
musch Hoor 'mol losse, verbrennscht der d'Flosse.
Sin Deere verschlosse,
sei ned verdrosse! –
Musch efder „finfe" grad sei losse.
Grad losse!

Irma Guggolz

En fauler Kunde

Ooiner vun de Alda, wu defor bekånnt gwest isch, dasser gärn Schulda mecht un efders als en Gschäftsmånn am Ascht nuffleßt, isch amol widder bei ooim hoch en de Kreida gschdånna. Seller hat sich also uff d Sooga gmacht un bei dem faula Kunde perseenlich sei Geld eitreiwa gwellt.
Sodd mer doch mooina, daß der jetz en Verlegahait komma wär, odder mindeschdens en Dail devoo bezahlt hädd, awwer der hat mit de greeschda Seelaruh gsagt:
„Waisch was, kommsch en värzea Dag widder vorbei, bis dort noo kånne noord vielleicht saga, wånn d widder komma kånnsch!"

Vum End her gsäa

Mit nix kommsch oo uff derra Welt.
Mit nix gehsch widder ausem Läwa.
Un wånn-der ebbes noch so gfellt:
Loslassa muschs; du kånnschs net hewa.

Un wasd an d Kinder aa vererbsch,
sie därfa grad so wennich bhalda.
Du gibsch jo alles doch, wannd sterbsch,
bloß widder weiter zum Verwalda.

Betracht vun derra ledschda Sicht,
do isch månchs Ding so klooi un nichdich.
Dess, was vergeht, verliert an Gwicht,
un s Ewiche wärd groß un wichdich.

Bloß e bißle Wärme

Geschdert alles noch so kahl
un kooi Spur vun Läwa.
Heit scho sieht mer Berg un Dal,
uffbliht undrem Sunnastrahl,
sich en Himmel hewa.

Un bisch jetzt noch hoffnungslos,
kånnsch fascht nemmeh lacha:
S braucht e bißle Wärme bloß,
un scho gibts deim Herz en Stoß
zum de glicklich z macha.

Mit S fångt alles oo

Die alda Håndwerker senn amol oweds widder am runda Disch beinånder ghockt un do debei hat de Häfner (Töpfer) e bsundere Weishait vun sich gäwwa. Er wär nemlich dehinderkomma, hadder gsagt, daß die meenschda Håndwerksnoma middem S oofånga. Bloß er wär nadierlich e rihmliche Ausnåhm en dem Krais. Zum Beweis hadder se glei uffzehlt:

Schreiner, Schlosser, Schmied, Sattler, Schuschder, Schneider, Sailer, Schnapsbrenner, – un vielleicht noch mehner.

Do hat en Owwerschlauer gånz blitzschnell gschalda. S ischem jo bekånnt gwest, daß de Häfner aa selle Sorda Häffela fabriziert hat, wu nachts so arg needich braucht worra senn un wu heitzudag bloß noch die klooina Kinder druffgsetzt wärra. Also ischer schlagferdich uffen los:

„Du – un vun wega e Ausnåhm. Du bisch doch „Sch…häffelesmacher. Un – fångt dess Wort vielleicht net aa mit S oo?"

Rund om de Wei

Daß Wei de Menscha s Herz erfrait,
dess steht scho en de Biwel gschriewa.
S wärd gsagt bei jedra Glegahait,
un s isch bis heit e Weishait bliewa.

Wichdich bleibt allfort do debei:
Wei muß mer mit Verstånd genießa,
un wånn mer Dorscht hat, jo net glei
en gånzer Krug voll nundergießa.

Dorschtlescher gibts uff åndre Art.
Wei muß mer schlotza, muß mer beißa.
Isch so e Sorda noch so zart,
z viel, kånn de stärkschde Månn omschmeißa.

Zwai Gläsla voll, verdailt am Dag,
dess wärd aa d Läwwer noch verkrafda.
Un außerhalb vum Audoschlag
kånn ooim kooi „weiße Maus" verhafda.

Halt mäßich trunka isch de Wei
zum Kräfdicha un Gsunderhalda.
Er isch die allerbescht Arznei
for jingra Johrgäng un for alda.

Oscherwunder

Gibts ebber, wu dess net genießt,
des oobeschreiblich Bliidawunder?
Wu do de Blick un s Herz verschließt?
S geht vielleicht oobewußt ganz under?

Daß die ur-ewich Schepfungskraft
sich dorchsetzt wie en friihra Zeida,
obwohl doch allem s Gift oohaft.
D Nadur muß furchbar drunder leida.

Was do jetzt zum Vergleich sich stellt:
die gaischdich Schepfung, meh em Stilla.
Viel Gift isch gradso en de Welt,
de Neid un Haß un beeser Willa.

Un doch liggt aa for jede Not
d Erleesungskraft em Kreuz verborga.
Sie iwwerwind sogar de Dood,
em großa Wunder: Oscherdermorga…

Summerzaicha em Mai

D Windersoot, erscht noch so winzich-klooi,
isch zum greeschda Dail scho „aus de Hosa".
S beschde Summerzaicha: an de Rooi
Klatschmohnglut un Bisch voll Heggarosa.

D Holderstreich senn hella Bliidastreiß.
Haiduft weht vum Wissagrund entgega.
D Sunna-Uhr lefft Dag for Dag mit Fleiß.
Weit un brait kooin Hailicher mit Eis.
Bloß ooin Wunsch: nachts als en sachder Rega.

Novemberstimmung

De Dag hockt naßkalt
vorrem Fenschder
un trooimt verschloofa
vor sich noo.
Gånz selda bloß
en Sunnabligger.
S isch ooifach nix meh
ånnem droo.

Was hasch noch alles
vorghadd geschderd…
De Kopf voll gwest
mit daused Plee.
Väärsch bis ans hinderschd
Weltend gfloga.
Un jetz, uffooimol,
widd nemmeh…

De Ahornboom vorrem Haus

Em Frihjohr rot, em Summer grii,
herrbschtfarwich goldgääl wisawii.
Miid worra jetz un sunnamatt,
schwebt sachde runder, Blatt for Blatt.

Ih heeb oois uff, greßer wie d Hånd.
Sternfärmich Zagga an seim Rånd,
mit feina Strich bis an de Stiel.
Abdreht vum Wind em wilda Spiel.

Er hat fascht alle runderghollt.
Ih kehr se zåmma, – s pure Gold –
un denk debei: noch em Vergeh
d Nadur e Wunder, – wunderschee…

Kärwe-Brootwärscht – anno dazumal

En de ärmera Zeit senn d Brootwärscht an de Kärwe gånz owwa uff de Speisekaart gschdånna un bsunders for uns Kinder de greeschde Leggerbissa gwest. Wie hat mer sich doch do e långs Johr iiwer druff gfrait, bis die gånz Familia – mit Kind und Kegel – am Kärwesunndichowed eikehrt isch. Un daß for jedes e Päärle Brootwärscht glångt hat, do defor senn die ledschda Pfennig zåmmakratzt worra.

En Vadder vunnema Härdle Kinder isch allerdings amol ziemlich hart bliewa, wu se middem am Schaufenschder vorbei senn un so arg glischdich an die viela Brootwärscht nooguckt häwwa: „Als weider an de Brootwärscht vorbei, do hä-mir kooi Geld defor!" hadder gsagt. Dess isch em Dorf e stehende Redensart bliewa, wånn mer gärn ebbes hädd, wu mer sich net laischda kånn: Als weider an de' Brootwärscht vorbei!

Un senn s Johr dorch als so e paar schleggeda Zwuckl am Disch ghockt un häwwa en ihrem Essa romgschdochert, noord hat als d Mudder gsagt: „Nomma gessa, de Hunger treibt Brootwärscht nei!"

So hoch senn also dåmåls die Kärwe-Brootwärscht em Kurs geschdånna.

Gertrud Häfner

Huumus

Winter setz doi
Schneehäubsche uff,
loß verrodde,
zu Huumus werre
was iwwerrisch
gebliewwe
vum ledschde
Summer,
daß Neies
wachse kann
im neggschde Johr.

Heemweh noch mir selwer

Bricke schlage
iwwer Johrzehnde.
Uff Schdobblfelder gehe
griene Wiese unner
de Fußsohle schbiere.

Herbschtzeitlose
bewunnern, un noch nit
an de Winter denke.

Im Okdower de Geruch
vun Märzeveilche
in de Nas hawwe.

Heemkumme zu mir selwer
un wisse:
Do derfschd bleiwe.

Fakt

Warum
sollschd wolle,
wenn'd nit
derfe derfscht?
Misse muschd,
dann konnscht...

... awwer bloß,
wenn se dich
losse!

Uff de Maulbeerinsel

1
Ebbes hot sich verännert
De Weg kummt mir heit
viel breider vor.
Hab ich soviel Platz
oigenumme, – domols,
Wo ich noch kä
Boomworzln unner moine
Fieß gschbierd hab?

2
Viel hot sich verännert
De Weg is uns nie
lang worre, – domols.
Worte, Lache
Fortgewehd vum Wind.
Ob en Rest
Im Gebüsch iwwerdauert?

3
Alles hot sich verännert
Du – ich – de Weg
Un die Zeit.
Bloß der alde Nache
Feschdegemachd an 're
Roschdische Kedd
Dümpld im Wasser
Wie eh un je.

Die Kordl is zu korz…

Buuwel saag, was groinscht?
Loß hald de Babbe doin
Drache schdeige, wo er
sich so driwwer freet.

Gugg, was'n schääner
Drache er fer dich
gekaaftd hot. Gifdgrie(n)
un brinzlbraun.

Hoorsch, was fer'n
Krach der machd,
wenn'n de Wind durch
die Luft werwelt.

Faschd wie'n Diesejäger
saus'der hoch,
un wie'n Diefflieger,
schterzt'er runner.

Geb Ruh, du Krischer!
Am Sunndaag derfschde
mit uff die „Demo" –
gege Fluglärm-
beläschdischung!

Abzehlroim

Verkneif dir's Denke
Frooge konnschd dir schenke,
Simmeliere dir schbare,
de Karre is verfahre,
der liggd jetzt im Dreck –
s hot alles kän Zweck
un du bischt… weg!

Wenn Annere lenke,
brauchschd dir doin
Kobb nit verrenke,
warum sollschde klaage,
hoscht eh nix zu saage,
s kummd nix dabei raus
un du bischt… drauß!

Vun Katze lerne...

Die Nacht zum Daag mache,
in die Sunn blinzle,
uff Sammetpfoode schleiche,
faule Hauskater zum Deifl jage,
Kralle wetze an Hartriggl,
in fremde Gärde wildern
un wisse: 'S is sowieso
alles fer die Katz.

Korz vor Sendeschluß

Ich hab nit gschloofe, sächd sie.
Doch Du hoschd! sächd er.
Sie hoggd uff'm Sessel, er uff'm
Sofa – drei Meter Dischdanz.
De Fernseher laafd.
Wenn ich saag, ich hab nit...
...un ich saag Dir, Du hoscht!

Sie baßd uff, wie ä Hechlmaus,
sieht, wie'm die Aage zufalle.

Her, awwer grad eewe hoscht...
...des is nit wohr...
...hab's genau gsehe..
...alles willschde gsehe hawwe...
...hab ich aa...
...hoschde nit!

Fer ä Weil is blos de Ton vum Fern-
seher zu heere. Soin Kobb werd schwer,
er niggd oi. Sie schdubbsd'n:

Schun widder hoschde gschloofe...
...Du dräämschd...
...sogar gschnarcht hoscht
...des is die Höh, saag, hoscht
Schtreit im Sagg?
Ich doch nit...
...duh bloß nit so schoiheilisch...
...daß de nie was zugewwe konnscht.
Sie gähnd, schteht uff:
Kummschde mit ins Bett?
Nee...

...wär awwer besser fer Dich, wo
so schun halwer schloofschd...
...fongschde schun widder oo...
...mach un kumm jetzt...
...glei...

'S war en langer Fernsehowend.
Jeder is zufriede, daß kenner nooch-
gewwe muß. So werd die Ordnung ge-
wahrt, bis morge, iwwermorge...
En Daag, wie geschdern, vorgeschdern.
Johraus, johroi des gleiche Lied:

Korz vor Sendeschluß.

De Quiddeboom

Schää dudd'er widder bliehe,
hodder gsacht,
– im Friehjohr –
ob der aa ebbes dräscht?

Die sin awwer klitze-klee,
hodder gsacht,
– im Summer –
ob die Grutze noch wachse?

Gugg mol, wie geel die sin,
hodder gsacht,
– im Herbscht –
des gibt ä foines Aroma!

Schun widder Quidde-Schelee,
hodder gsacht,
– im Winter –
Fraa, gebb mer endlich
mol en annerer Muus!

Bruno Hain

driwwehiwwe
(fer de Rudolf Lehr)

was fer de äänd
hiwwe
isch fer de onner
driwwe
un
was fer de onner
hiwwe
isch fer de äänd
driwwe

gschisse wie ghupst
s babbelt
pälzisch
de äänd
wie
de onner
hiwwe
driwwe
iwwerm Rhoi

Summerschnee

Midde im Summer –
die Rose
wern schwarz,
en Schmedderling
fallt vun re Blum,
en Käwwer
versteckelt sich
unner ääm Bladd –
un Du gehscht vorbei
un fallscht
wie Schnee
uf moi Herz.

Bellemer Belle
(E wohrie Gschicht)

Die Bellemer Belle
kinnen nit belle!
Ach wann se welle
kinnen nit belle
die Bellemer Belle.

Ufgeklärt

S erscht
mim lätze Fuß
aus m Bett –
donn
stellt mer
so n Dappschädel
e Lääder
direkt
vor die Nas,
daß ich
unnedrunner
durchdappe muß –
vun de
schwarze Katz
will ich gar net
erscht redde –
un donn
aa noch
Freidag de 13.

Was nitzt
mer do de
Schornstefejer?
Den hawwich
sowieso bloß
vun weirem
gsähne!
Hoffentlich
steigt der mer
heit
net noch uf s Dach.
Des bringt doch
nix meh
heitzedags –
des koscht
bloß was.

Moi Sprooch

Pälzisch
isch en Dääl
vun de fränkisch Sprooch.

Die fränkisch Sprooch
isch en Dääl
vun de germonisch Sprooch.

Die germonisch Sprooch
isch en Dääl
vun de indoeuropäisch Sprooch.

Vum Atlantik bis nooch Indije
hot se vor Grenze
kää Regard.

Wie kennt do unserääns
beim Schreiwe
ehre ehr Grenze weise?

Dod un Deiwel

Henkersmonn, Henkersmonn,
duh noch e bissel waade!
Do sähn ich grad moi Froinde kumme:
die stiwwlen durch en Gaade,
bringen Der en Sack voll Gold –
dessell hoscht doch vun mer gewollt,
loscht mich defor läwe?

Henkersmonn, Henkersmonn,
halt noch e bissel oi!
Do sähn ich grad moin Bruder kumme:
er schwimmt iwwer de Rhoi,
bringt Der en Sack voll Edelstää,
gell, Du loscht mich defor gäh,
loscht mich defor läwe?

Henkersmonn, Henkersmonn,
geh weg do, mit Doim Strick!
Do sähn ich grad moi Schweschter kumme:
was isch des fer e Glick!
Vun dere griggscht De glei en Schmatz
un wonn De widd, werd se Doin Schatz,
loscht mich defor läwe?

Henkersmonn, Henkersmonn,
ich heer Dich jo schun singe!
Gell, Du siehscht e Weibsbild kumme:
loscht mich defor springe!
Hoscht nix onnres meh im Kopp –
ich dank Der schää, Du aamer Tropp,
dank Der fer moi Läwe!

Henkersmonn, Henkersmonn,
Du schäälie Krämerseel!
Zu Der, do isch de Deiwel kumme:
dem isch moi Seel net feel!

Un der Kerl, der scheißt Der was –
Du beischt noch vor mehr ins Gras,
winsch mer e langes Läwe!

Erbeermund
(nach François Villon)

Ich bin so närrisch nooch doim Erbeermund,
ich kreisch mer schun die Lunge wund
nooch doim weiße Leib, du Weib.
Im Klee hot de Mai e Bett gemacht,
do blieht en schääne Zeitvertreib
mit doim Leib die lieb lang Nacht.
Do will ich soi im diefe Dal
doi Nachtgebet, doin Sterngemahl.

Im diefe Erbeerdal, im schwarze Hoor,
schloof ich so monches Summerjohr
bei der un s werd mer net zuviel.
Hab jetzt e rotes Dier im Blut,
sell gibt mer werre frohe Mut.
Kumm, ich kenn e schäänes Spiel
im dunkle Dal, im Muschelgrund...
Ich bin so närrisch nooch doim Erbeermund.

Ich bin se lääd, die kalt, groo Welt.
De Summer flicht sich vor de Kält
un s Glick hän mer zwää net gepacht.
Hoscht nor doin rote Mund ufghowe
fer mich, dief in doim Hoor verwowe.
Ich such n schun die gonz long Nacht
im Winterdal, im Hellegrund...
Ich bin so närrisch nooch doim Erbeermund.

Im Winterdal, im schwarze Erbeerkraut,
do hot de Schnee soi Nescht gebaut,
frogt net nooch Lieb, wieso, warum.
Des rote Dier, des dobt in mer
seit ich gschloofe hab bei der.
Wär doch de Winter schun erum
un werre grie de Wissegrund!
Ich bin so närrisch nooch doim Erbeermund.

Liejebeitel
(nach Sappho)

Owedstern, bringscht alles hääm, was de
dämmrische Morje verdäält hot.
Bringscht de Hammel,
bringscht die Gääß,
bringscht – fort vun de Mudder die Dochder.

Uf en dode Kornworm

Mol do! Do liggscht, gonz strack,
streckscht alle Viere vun der,
bischt gfreckt un wääscht net mol warum.

Fer was lang nooch de Ursach suche?
Des bringt jetzt aa nix meh.
Vielleicht bischt alt genungk gewest.

Wie gärn hätt ich als mol,
wonn ich dich gsähne hab,
mit der geratscht, moin Froind.

Doch du hoscht der kää Zeit genumme,
hoscht wussle misse, hamschtre.
Doi Backe war n nie voll genungk.

Un jetzt? Doi Fraa, allä dehääm –
vielleicht e Junges noch dabei –
verdrickt e Drään un dozu s Korn.

Vum Haardtrond bloost de Wind
schwarze Rejewolke bei
un zauselt unser Hoor.

Kornworm = Hamster

Komische Lieweserklärung

Du Biest, du glaabscht, du raabscht mer moi
Ruh?
Du bildscht der oi, du machscht mich worres?
Ich peif druf, wackel mit moim Schnorres,
pitsch moin Woi un lach mer ääns dezu!

In mer sieht s aus, ich sag der was, du –
eb ich närrisch wer un geh kapores,
ha!, do lehr ich dich erscht mol Mores –
bleibt doch do un hups net gleich devu!

Ich Olwel hab s jo net eso gemäänt.
Sei net glei oigeschnappt. Horch, mer mache
viel Feez noch minonner un so Stuß.

Ach kamm, geh her un geb mer en Kuß!
Ja, gell, jetzt duhscht schun werre lache:
Bazillche, ich hab mich on dich gewähnt.

Hoffnung

Ich kennt jo grad
hiegeh un
kennt s Fenschter
ufmache un
kennt n
nausschmeiße,
den gottverdammte
Scheißdrecksglotzkaschte!

Do hot mer schun
Kawl
un hot
Satellite
un hot
was wääß de Deiwel noch –
un Programme,
daß mer se
schun nimmie
zehle konn –
awwer:

wonn emol
nix druf isch,
donn
isch nix druf!

Iwerall!

Heit
kennt ich jo grad
werre hiegeh un
kennt s Fenschter
ufmache un
kennt n
nausschmeiße,
den gottverdammte
Scheißdrecksglotzkaschte!

Awwer
s isch jo erscht
korz nooch de achte!

Ich wer
mit den Hinkle
schloofe geh!

Ich wer
e Bier
trinke!

Vielleicht
werd s besser,
s Programm.

Oiladung

S werd immer schlimmer
sag ich dr.

Laaf numme mol
durch die Stadt,
die Fußgängerzon.
Orre kummscht mol
zu mer,
in die Fawwerik,
do wu ich schaff.
Do siehscht s.

Nix wie Auslänner.
S werd immer schlimmer,
wonn ich dr sag.

Schääne Dags,
do fressen die uns
noch die Hoor vum Kopp.

Kamm, drink aus,
mer gehen ebbes esse.
Ich lad dich oi
in die Pizza.

Kumm gut hääm

Moin liewe, gute Nikolaus,
jetzt bischt mol werre do im Haus –
doch guck, ich hab bei mer gedenkt,
heit griggscht Du vun mer was gschenkt!

Do hawwich mol, fer uf Doin Kopp,
e wollnie Kapp. Du aamer Tropp
verfrierscht schunscht drauß bei Schnee un Kält
wonn D' Schlidde fahrscht durch die gonz Welt.

Was dodrin is, des rootscht Du net!
Do hawwich fer Dich e Cassett
mit Woihnachtslieder – konnscht mitsinge –
so wie se bei Eich drowwe klinge.

Un in dem Säggelsche do is
viel Gschnäägs drin, Monnle un aa Niss,
dezu noch Obscht un aa Lebkuche,
des konnscht, wonn D' Hunger hoscht, versuche.

De Hawwre do is fer Doi Gailche,
den schiebscht m drauß dabber ins Mailche
un segscht m aa en schääne Gruß
un drickscht m uf soi Schnuß en Kuß!

So, Nikolaus, meh hawwich net!
Ich hoff, Du hoscht Dich trotzdem gfräät
un, gell, versprech mer, kumm gut hääm,
daß ich Dich s negscht Johr werre sähn!

Uf de Appelwiss

Gehscht mit mer
uf die Appelwiss
hinnerm Rejebogedoor,

wu die Schneeballe
um die Maigleckle
Ringel-Ringel-Rose donzen,

wu de Wind
mit de Schnecke
Fangels spielt,

Wu s Gänseblimel
un en Schmedderling
um die Wett fliegen

un en Kisselstää
mit me Haihuppser
Weitsprung macht?

Die feiern heit e Fescht –
uf de Appelwiss
hinnerm Rejebogedoor:

s Sondmännel
duht mit äänere
Sternschnupp
Hochzisch mache.

Gehscht mit mer?

En Rejedroppe
hot mer s verrore
un
en Sunnestrahl
mich oigelade.

Mer sollen als
Schimmelseeperdele
s Walnußschalehochzischschiff
iwwer de Honischsee
uf de Appelwiss
zieje.

Un donn,
wonn s Fescht erum isch,
uf de Appelwiss
hinnerm Rejebogedoor,
donn dirfen mer bleiwe –
als Muschel
im Honischsee.

Ääns die Schal
un
ääns die Perl.

In seller Zeit

In seller Zeit,
in seller gute, alte Zeit,
wie moin Urgroßvadder
jung gewest isch,
isch r in dem Nescht
hängge gebliwwe
weil r heirate gemißt hot.

In seller Zeit,
in seller gute, alte Zeit,
wie moin Großvadder

jung gewest isch,
hot r 12 Stunn
Schicht gschafft
un isch donn naus uf s Feld.

In seller Zeit,
in seller gute, alte Zeit,
wie moin Vadder
jung gewest isch,
hän s en zum
Aweitsdienscht gholt
un donn fer de Krieg.

In seller Zeit,
in seller gute, alte Zeit,
wie ich
jung gewest bin,
hot im Summer
die Bach gstunke
un in de Strooß
jeder mit jedem Krach ghatte.

In seller Zeit.

u. T. (1)

Ich hab
moi Herz
uf Eis geleggt
un duh
wie wonn aus
Granit
ich wär.

Warum
halt s Eis
net ewisch
un segt,
daß ich
en Kalkstää
bin?

u. T. (2)

mer simelieren
viel zu viel
iwwer
de schnee vun geschtern
un
s wetter vun morje
un
vergessen debei
s heit
un
s iwwermorje

Gedankeworzle

En wilde Schrottplatz isch moi Hern,
voller Gruuscht un Kretz un Krempel,
un monchmol glieht hinner de Stern
gonz sachte uf e kläänes Lämpel,

leicht uf fer grad e paar Sekunne,
macht korz daghell die Schädelhehl
un wirkt dodrin wie siwwe Sunne:
loßt alles wachse uf de Stell.

Zu Gschichde wern Gedankeworzle,
zu Gedichte wern die Drääm,
duen uf s Babier drufborzle
viel schneller wie ich mään.

Moritz

Soll mer jo kääner
ebbes iwwern sage,
iwwer de Moritz.

Jo isch s en Jud gewest,
sell wääß ich aa.
Awwer moin Klääne,
der wär versoffe,
wonn en de Moritz
net aus de Miehlbach
gezoge hätt.
Se Läwedag vergeß
ich s m net, em Moritz!

En Jud gewest isch r,
sag ich,
un dodebei
wääß ich gar net,
eb r iwwerhaupt noch lääbt.

Sellemols,
dreiedreißisch,

wie die Hitler
drookumme sin,
do hän se jo
die Judde
all verbodde.

Awwer de Moritz,
moin Froind,
der hot sich nix
draus gemacht un
isch gebliwwe.
Sellemols.

Un wie die Hitler donn,
achtedreißisch,
driwwe
em Moritz soi Kerch
oogsteckt hän un
hiwwe
em Moritz soi Fenschtere
in soim Laare
noigschmisse hän,
un wie se de Moritz,
un em Moritz soi Fraa,
un em Moritz soi Buwe
mitte in den Nacht
uf die Strooß gschlääft hän,
un wie se
all geje die Judde gekrische hän,
un wie se
de Moritz gedeeringelt hän,
un wie ich
em Moritz zugeblinzelt hab,
wäscht s noch, Sannche,
so als gottersprich:
Ich hab jo nix geje Dich!
Un wie mich
de Moritz oogeguckt hot,
un wie mich
die Hitler oogeguckt hän,
un wie ich mich
donn gonz schnell
aus m Staab gemacht hab –
wer wääß –
wäscht noch, Sannche.
Un wie ich
häämkumme bin,
un wie ich
gsaat hab:
Sannche,
hab ich gsaat,

die Hitler
hän gsaat,
daß se die Judde
all nooch Paläschtina,
wie die jo zum
gelobte Lond sagen,
schicken,
hab ich gsaat.
Werscht sähne,
de Moritz
kummt aa hie.
Gell, Sannche,
so hab ich gsaat.

Un noodert,
wie ich
de Hitler
em Moritz
soi Haus abgekaaft hab,
fer en Haufe Geld
abgekaaft,
un was ich
noch alles noighängt hab
in die Hitt,
un wie ich
gsaat hab:
Sannche,
hab ich gsaat,
do drowwe,
de Speicher,
den lossen mer leer,
do kummt nix nuf,
hab ich gsaat,
weil wonn emol
de Moritz
redur kummt,
noht kennt r sich s jo
do drowwe
gemietlich oirichte,
un die Miet,
die deht n aa net
grad die Welt koschte,
hab ich
zu moinere
Sannche gsaat.

Norre vum Moritz,
do hab ich
grad gar nix meh
gheert.
Un aa nix meh

vum Moritz soinere Fraa
orre
vum Moritz soine Buwe.

Erscht nooch m Krieg,
wie die Hitler
schun all
fortgewest sin,
un wie se donn
alle Ruine
abgerobbt hän,
aa die vum Moritz
soinere Kerch
driwwe,
do hab ich
emol gfroogt
un do hot mer
ääner gsaat,
daß r wißt,
daß de Moritz
noch Gürs
kumme wär.

Ich hab s
moinere Sannche gsaat.
Un die hot gsaat,
daß se aa net wißt
wu des liggt:
Gürs.

No, hab ich gsaat,
des klingt jo
richdisch derkisch
un s gelobte Lond
liggt jo glei
um s Eck,
hab ich gsaat.
Do werd de Moritz
aa hiekumme soi.

Awwer:
daß r net emol
gschriwwe hot,
all die Johre,
de Moritz,
orre daß r mol
vorbei kumme isch,
de Moritz,
um fer daß
er mol sähne kennt,
wie mer soi Haisel
in Schuß ghalte hän
un wie sauwer
de Speicher isch,
wu er jo noiziege kennt,
de Moritz,
fer billisch Geld,
daß er grad so
gar nix meh
vun sich heere
geloßt hot,
de Moritz,
des fuchst mich
un moi Sannche
awwer doch!

auskunft/pälzisch

ab
abun
abunzu
abunzumachen
abunzumachenmer
abunzumachenmerwas

was
wasmer
wasmermachen
wasmermachenab
wasmermachenabun
wasmermachenabunzu

sell
  un
    des

Uuglicksmeldung

In de Kich hot die Kaffeemaschin noch gebrotzelt, wie de Willi – so wie er des on jedem Werdagsmorje gemacht hot – zu dem klääne Gschäftel on de Eck gange isch. De Willi isch noi, hot „Morsche" gebrummelt, hot e Minz, die wu er aus soim Hossesack gegruuschtelt hot, uf des Schäälche uf de Ladethek geleggt, hot sich e Zeitung gegrapscht un isch, uhne ebbes se sage, naus. Draus hot er schnell die Zeitung, die wu in de Mitt zammegeleggt gewest isch, ausenonner gschlage, hot bloß noch Aage ghatte fer die Uuglicksmeldung, die mit dicke, schwarze Buchstawe uf de erschte Seit oogfange hot, isch so iwwer die Strooß gedappt, midde in e Audo.

jonuar 91

statts konfetti
rejent s bombe
en scherwehaufe
aus werter
liggt om borrem
gedankeleer
un
mit wunde finger
hockscht mittedrin
un suchscht
die silwe
fer die hoffnung

Thomas Heitlinger

Erlebnis

Neilich
als i
wieder dahom war,
nur vor ä paar Dag

hawe där Erwin
g'seh
Der hat me o'guckt
von unne nach owä
un
hat g'sa
Du rauchsch jo,
seit wonn machsch des
un
Du hasch jo än Bart,
kriegt mer des in där Schdadt

Un schreiwe sollsch
jo aa,
awer mir g'fällts net

Donn ischer davogloffe

Un beim
Hinnerhergucke
haw i denkt

bisch
immer noch
derselb
Seckel

Abwechslung

d'selwe Londschaft
d'selwe Leit
d'selwe G'sichter
des selwe G'schwätz

Nur's Wetter
isch jeden Dag
onerscht

Gott sei Dank!

i weiß, i weiß

Net, daß i
u'bequem
oder sogar
kritisch
sei will

I weiß doch
daß där's
net vertragt

Där Hortich

Er hat's
nie
abwarde kennt

nie verhewä
immer neigierich
un
immer vorne dabei

Geschdärn isch er
g'schdorwä

D Leit sage
s'war än
schnelle Dod

Där Kraichgau

Där Kraichgau
isch arg schee

na gut,
d Flurbereinichung
d Kanalisation
d Verbauung
un
d Schtrommaschder

Awer sunscht
sunscht ischer arg schee

där Kraichgau

Tradition

Alle sin se
im Gsangveroi
im Kerchechor
un beim
Schportveroi

Alle sin
dabei
bei der Partei
un alle
sin se
katholisch

Un weh
s glaubt oiner
er wißts besser

U'z'friede'hait

s gibt Leit
die hocke
Dag for Dag
dahom
un warde druff
daß was bassiert

Awer wenn was
bassiert,

wenn oiner eibricht
oders Haus abbrennt

donn sin se
a net
z'friede

Aikauf

argschee

bitschee

donkschee

gerng'schee

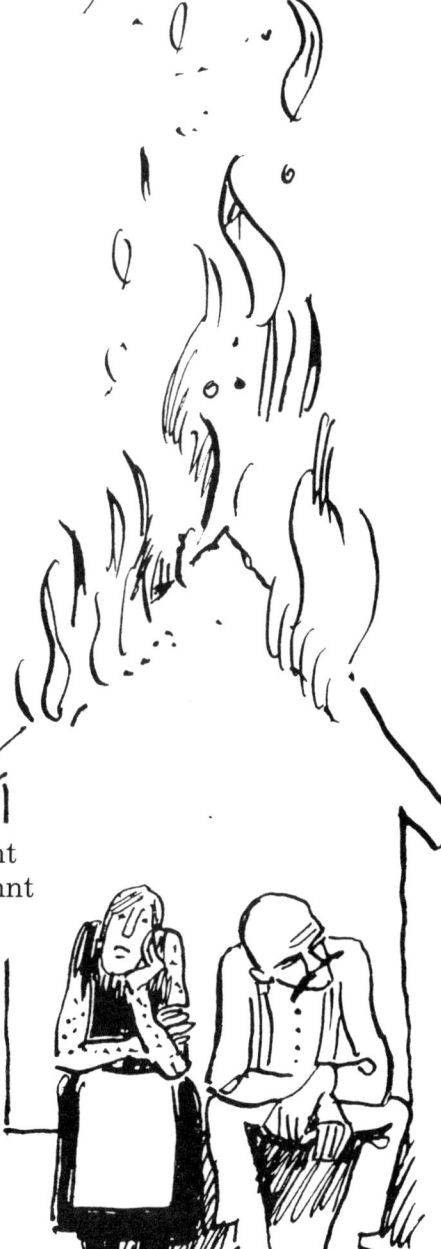

Gisela Herrmann

Abschied

Doi(n) Stimm isch doo – oweds –
un straischlt moi(n) Håår
wie dä Wind.

Dä Muund loß i
duuisch s Fenschda roi(n),
er laischd ma Gsellschaft
un ma redde vun dir.
Dä Morje isch weit.
Jedi Nacht dauert länger.

S Herz
nemmt långsåmer Abschied.

Wisselåndschaft

Dä stolze Hoinrisch[1] stäiht stråmm
un d Grindnase[2] halde d roude Kepflin
än d Sunn.
d Sengnessel[3] versengle d Båå(n),
Milchesbisch[4] un Dischdle[5] bliehje;
iwwarm Kläi[6] dånze d Schmedderling,
d Haihepfer[7] hopfe riwwa un niwwa
un d Wefze[8] brumme um dä Kopf;
hifthouche Gässa versperre dä Weg.

d Wiss isch ä Welt for sisch –
vollkumme un u(n)brihrt;
blouß dä Mensch isch n Oi(n)dringling,
wu alles duuischenånnabringt.

[1] Goldrute, [2] Lichtnelke, [3] Brennessel,
[4] Löwenzahn, [5] Distel, [6] Klee, [7] Heuhüpfer,
[8] Wespen

Schlooflied 1985

Jetzt schloof glei oi(n),
de Muund guggt schun zum Fenschda roi(n)
un d Saddelidde drauß em All,
die basse uf, uf jeden Fall.

Mach d Ääglin zu,
em Fernseh kummt nix meeh, s isch Ruh.

Kåå(n) Vejjele singt da uf d Nacht –
dä Smog hodd si all haasa gmacht.

Drauß rauscht dä Wind
un bringt än Drååm for diisch, moi(n) Kind.
Dä Bååm gräggst laut; kumm, hoisch net nåå(n),
daß er ball stäärbt, was gäihts diisch åå(n)?

Sei endlisch still,
s hodd niemånd, wu da bäis dou will.
Daß s Hunga gibt em fremme Lånd
un Krieg, dess isch dir net bekånnt.

Schloof oi(n) gånz schnell,
in ä paar Stund isch s widda hell. –
Wie werdn d Welt vun morje soi(n) –
denk noch net dråå(n), schloof oi(n),
schloof oi(n).

Nachtgedånke

Dag verfliegt,
dä Owed kummt,
s laude Dreiwe
isch verstummt.

Drauß dä Bååm –
än Schadde blouß,
s Zwielischt leßd
dä Blick net lous.

d Zeit verfliegt,
nix kummt zurick –
s Leewe, s Glick –
åån Aareblick.

Oi(n)stellungshinnarnis

Isch ä Fraa noch jung,
dånn seschd sisch dä Personalschef,
die werdd heijare un nooch ä paar Jåhr
Kinna krieje – minneschdens zwee –
un jedesmool
faschd ä Jåhr Muddaschaftsurlaub,
un hinnenooch bleibt si emend dehååm
un d gånz Bedriebsausbildung
isch for d Katz gweßd –
dess kånn sich unsa Gschefd net leischde.

Isch ä Fraa än dä beschde Jåhr,
sou um 45 rum,
dånn sechda sisch –
bei derre fånge ball d Wechsel åå(n),
doo gäihts mit dä Krångäde lous,
doo hockt sie meena beim Dokda
wie hinna ihrm Schreibdisch;
die Sach isch zu u(n)sischa for uns.

Un mir Weibsleid messe halt
ååmool oi(n)sehje,
daß mir än jedem Alda ä
Bschäfdischungsrissigo sin.

Beed numme elåå(n)

Elisabeth war bekannt dafür, immer und überall zu spät zu kommen. So wartete Grete seit Stunden auf sie, weil sie gemeinsam Reisig im Wald von Maisbach sammeln wollten. Endlich am späten Nachmittag erschien Elisabeth und Grete schluckte ihren Zorn hinunter und sagte nichts. So sammelten sie Reisig und bis jede genug hatte, war es stockdunkel geworden. Sie keuchten den Berg von Maisbach nach Nußloch hoch, und Elisabeth sagte: „Greedsche, iisch hebb sou Engschd; kumm, ma bede ä Vada Unsa." Das war zuviel für Grete und sie platzte raus: „Du kummsch ma grad reschd; beed numme elåå(n), iisch brauch moi(n) Luft zum Schnaufe!"

Wånns sunsch nix gibt

Seit Wochen regnete es schon unaufhörlich. Die Bauern machten sich Sorgen wegen der Ernte, weil das Korn anfing, auf den Äckern zu verfaulen. Man wußte nicht, wie man den Winter überstehen sollte, weil man damals noch von den eigenen Erzeugnissen lebte. Nur Georg berührte das ganze nicht und er sagte seelenruhig: „Dess Wedda stäärt miisch net, wånns sunsch nix gibt, eß i halt Weißbroud."

Alle zwee ebbes verdiene losse

Georg wollte die Taufe seines jüngsten Kindes feiern. Traditionsgemäß gab es Weißbrot mit Butter und Limburger Käse und natürlich Bier. Georg hatte das Bier beim Sonnenwirt gekauft, aber die Stühle kostenlos beim Kronenwirt ausgeliehen. Von den Gästen wurde er deshalb verwundert gefragt, warum er sich vom Sonnenwirt nicht auch die Stühle besorgt hätte, wo er doch das Bier bei ihm gekauft hätte. Darauf antwortete Georg gewitzt: „Jaa, iisch will halt alle zwee ebbes verdiene losse."

Wärmflasche un Nudelsupp

Vinzenz arbeitete in einem Krankenhaus in Heidelberg als Mädchen für alles, und weil er nicht gerade der Intelligenteste war, ging oft etwas schief. Abends wurden im Krankenhaus Wärmflaschen für die Patienten vorbereitet; dafür war Vinzenz zuständig. Das Wasser stand in einem großen Kessel auf dem Herd und daneben hatte die Schwester einen Kessel mit Nudelsuppe für das Abendessen gestellt. Wie sie nun die Suppe austeilen wollte, traute sie ihren Augen nicht – es war nämlich nur heißes Wasser im Topf. Die Nudelsuppe war schon längst in den Wärmflaschen und wärmte die Füße der Patienten. Von denen wurde der Vinzenz auch sehr gelobt, aber von der Oberschwester mußte er sich da etwas anderes anhören…

Die schee(n) Gmiessupp

Sophie gehörte noch zur alten Sorte, die kein Essen wegwerfen konnte, auch wenn es nicht mehr ganz einwandfrei war. Aber sie war auch eine der ersten, die Auto fahren konnte. So fuhr sie einmal mit ihrer kleinen Tochter spazieren. Dabei wurde es dem Mädchen so übel, daß nur noch Zeit zum Anhalten blieb und schon war das Unglück passiert. Aber Sophie wußte nur eines darauf zu seufzen: „Jesses nåå(n), die schee(n) Gmiessupp!"

Gsundheit winsche

Er stammte vom Kaiserstuhl und schwärmte in den höchsten Tönen vom Kaiserstühler Wein. Und er erzählte, wieviel tausend und abertausend Liter Wein dort die Leute in ihrem Leben trinken würden. Er brachte uns bei, daß man bei ihnen beim Zuprosten „Gesundheit" sagt. Aber ich dachte für mich: „Kåå(n) Wunna, daß die sich bei dem Alkoholverbrauch stennisch Gsundheit winsche messe!"

Beerdigungsfeier

Nach der Beerdigung saß man beim Leichenschmaus zusammen. Am Anfang war die Stimmung noch niedergedrückt, aber dann tat der Wein seine Wirkung und es ging hoch her. Die Trauergäste tanzten sogar zur Schallplattenmusik. Auch die Witwe wurde zum Tanzen aufgefordert. Zuerst wehrte sie sich mit Händen und Füßen, aber dann gab sie nach und sagte verlegen: „Nu ja, wånn da måånt, dånz i halt aa, awwa grad gånz långsåm."

Pro forma

Peter und seine Frau Bärbel lernten während ihres Englandaufenthalts ein Pärchen kennen und Peter lud die beiden beim Abschiednehmen auf einen Besuch bei sich zu Hause ein. Bärbel war deswegen sehr erbost, weil ihre Wohnung für Übernachtungsgäste viel zu klein war. Aber Peter schaute sie nur mitleidig an und sagte: „Liewa Himmel, Du hosch joo gar kåå Åhnung vun de englische Kuldur; sou wie die beim Kun Dach saare froore, wie da s gåihd, uhne ä Antwort zu erwaade, sou dunne si sisch gejeseidisch oi(n)lade, uhne s wirklisch zu mååne; dess isch alles pro forma bei denne." – – Zwei Wochen später ruft Bärbel ihn aufgeregt im Büro an und sagt: „Mach, daß hååmkummsch, Doin pro forma Bsuch isch doo un will ä gånz Woch' bei uns bleiwe!"

Kurz oder lang

Paul verschlug es von Norddeutschland nach Nußloch, und wegen der Sprache hatte er oft Verständigungsprobleme. So rief ihm einmal auf dem Bau ein Kollege zu, daß er zwei Bretter runterwerfen solle. Paul fragte zurück: „Kurz oder lang?" Der andere rief: „Korze långe!" Jetzt stand Paul wieder da wie der Ochs vor dem Berg, und er rief zurück: „Ja, was denn jetzt?" Der andere schrie böse nach oben: „Kerl, i hebb da doch gsaad, daß korze Bredda lång gnung sin!"

Waldsterwe

S Waldsterwe hewwi gedenkt, isch ebbes,
wu än dä Tscheschei bassiert,
häigschdens noch äm Baijerische
odda äm Schwarzwald,
bissi duuisch unsa Dånnewäldl gloffe bin,
wu kåå ååni Noodl meeh uf de Beem hengt. –
S Waldsterwe bassiert vor unsare Hausdiir
un ma mäigds net emool.

Gejeniwwagstellt

Ä Fraa dud räddsche –
än Mann gibt Noochrischde weida;
ä Fraa isch naseweisisch –
än Mann dud sisch indressiere;
ä Fraa draladschd – än Mann dischgudiert.
Doo kåmmas widda mool sehje,
wånn zwaa s Gleische mache, isch s noch lång
net s Selwe…

*

Si hodd imma de Kraare gstreckt
un uf ånnare runnageguggt;
jetzt kriggt si Bschdrahlunge
for ihrn steife Hals.

*

Alles mim Audo erledische,
um joo kån Schritt zuviel zu geeh;
awwa dreimool än dä Woch
äns Torne renne, um sisch fit zu halde.

*

Heidzudaag kåmma nimmi froore,
wass em Gsindschde isch,
blouß noch,
wass ååm em Wennischde schaade dud.

Harald Hurst

Happy Birthday, Franz

44 bisch wore
dei Lebenserwartung
hasch übertroffe
e Schnapszahl, e Freispiel
wer hätt des' denkt?
hinner dir
sin alle Türe dicht
un vor dir
sperrangelweit offe
was jetzt noch kommt
isch g'schenkt

rickblickend
soweit zufriede
nur manchmol im Bauch
e winzige Wut
die beschte Zeite
ware nur net schlecht
un net besonders gut

paar Dräum hasch unnerwegs
in d'Hecke g'schmisse
wie en Deserteur sei G'wehr
daß es sich besser vorwärtshumpelt
paar große Wörter
sin zu klaine Wertle g'schrumpelt

d'Freihait
isch bloß Freizeit g'wese
e Nas voll frische Luft
drei Wochen Halbpension Türkei
s'Abenteuer
isch Suzuki g'wese
en Deo-Duft
e Wirschtlesgrillerei

de große G'schmack
war nur e G'schmäckle
kaum uff de Zung
un scho vorbei
„ich liebe dich"
war bloß en bleede Satz
s'Happy End
war Schriftverkehr
un Regelsatz

wie bei're Vogelscheich
isch alles g'flickt
kai Stick meh ganz
bloß dei Lache
wachst nach
wie'n Aidechseschwanz

in diesem Sinn
happy birthday, Franz

De Rieslingtrinker
für Kuno Bärenbold

d'Sonn hupft ins Glas
un zind' en gelbe Rieslingfunke
vom Elsaß her weht sacht
en Sommerobendwind
un iber'm Wirtshausgartetor
poliert de Mond sei Silberg'sicht
für d'Nacht

ich schieb mein Hut schief iber's Ohr
heut hab i außer trinke
nix meh vor

ich lehn mi z'rick
knack mit de Zehe
un bad' mei Zung im Wein
des Frauevolk ringsum
kommt mir viel scheener vor
mit jedem Schluck
vielleicht bloß
weil i scheener guck

ich zwinker mit ai'm Aug
ohne daß außerum s'Gsicht verrutscht
un so e Schwimmbadbraune lächelt
jedenfalls u'gefähr
beinah direkt zu mir her
heit bin i so
wie i gern wär

ich schieb mein Hut noch schiefer iber's Ohr
heit hab i außer trinke theoretisch
praktisch nix meh vor
jedenfalls net daß i wißt
heit kennt i d'Welt umarme
wenn i dezu net uffsteh mißt

S'Patent – Talent

er isch
iberdurchschnittlich
mäßig intelligent
un außerg'wehnlich
normal begabt
er hat's net grad im Kopf
un a net in de Händ
er hat so e Art
Patent – Talent:

er kann alles
so gut erkläre

aber jetzt
bin i still
net daß sich am End
noch d'Lehrer beschwere

Gold, Weihrauch un Myrrhe

Des isch mir wurscht, ob de Oliver aus dein're Klass vom Chrischtkind e Farbfernseherle für sei Kinnerzimmer kriegt un wer von deine Klassekamerade schon so e Ding hat. Bei uns gibt's des jedenfalls net, baschta!

Lern du mol Diktatschreibe. Des isch wichtiger. Die blöde Fernsehglotzerei! Deshalb könnt ihr Kerle heut kain g'scheite Satz meh schreibe. Des kommt bei uns wie in Amerika driwwe, wo d'Analbaphe... d'Analphabete in de Hochschule sitze. Un jetzt nerv mi net dauernd mit dem depperte Weihnachte.

Apropos Weihnachte. Was hat denn des Chrischtkindle aigentlich zu Weihnachte kriegt, hä? Soll ich dir des sage? – Nix hat's kriegt! Gold, Weihrauch un Myrrhe von de Hailige Drei König. Des war alles. Mit dem Gold hat niemand was a'fange könne, weil kain Lade in de Näh war. Vom Weihrauch muß mer bloß huschte un kriegt Kofpweh. Des kennsch jo aus de Kirch. Un Myrrhe isch Parfüm. Was für Fraue, also nix für Kinner. Bei solche G'schenke däd'sch du dumm gucke. Un was hat's sonscht noch kriegt, des Chrischtkindle? Von de Hirte uff'm Feld was zum Esse, vielleicht e Häfele Ziegemilch, en Brocke Schofskäs un en Flade Brot. Wenn's hoch kommt noch e kratzige, selberg'strickte Windel un e Babykapp. Un wahrscheinlich en jesusmäßige Schnupfe von dem Durchzug im Stall. So, des war dann dem Kind sei Weihnachte.

Aber bitte, aus dem Bieble isch was wore! Des hat's zu was gebrocht! Des waiß mer bei dir noch net. Setz di erschtmol uff de Hosebode un lern Kopfrechne un Diktatschreibe, daß de Übergang ins Gymnasium oder wenigschtens in d'Realschul klappt, dann sehe mer weiter. Soweit kommt's noch! beim Kopfrechne noch d'Finger nemme. In eme geiebte Diktat zwölf Fehler mache. Weihnachte ohne h schreibe. Aber zu Weihnachte en aigene Fernseher wolle!

Inschrift

ihr seid verrickt
ihr Menscheg'selle

baut eich e Wigwam
aus Zement
macht Greifwerkzeug
aus eure scheene Händ

un s'Lebe isch so kurz
es lohnt sich kaum
de Koffer abzustelle

Big Whopper

s'Maul
bis zum A'schlag uffreiße
herzhaft
in die Knautschkugel beiße
d'Zähn sin e bissl im Weg
wenn mer so e Breile kaut
beug di vor beim Gehe
bleib notfalls mol stehe
weil s'Ketch-up rausdrickt
un d'Lewis versaut

*   *

des isch halt
ämerikän way of life
s'Esse geht fix
schmeckt prima nach nix

come on, boy
un probier mol schnell des Knautschding
mit dem g'hackte Rindvieh drin
die Ami-Frikadell
mit Zwibbelring

schluck's weg
s'Kaue kannsch vergesse
mer spiert direkt
wie mer Zeit spart
beim Esse

des isch halt
ämerikän way of life

Don't worry, be happy

mache Se sich
kai Gedanke
mache Se lieber
was Nettes
e bissl
jogging
fucking
fun
vor allem
lese Se nix Fettes

Service

s'klappert Besteck
s'riecht nach Kaffee
un nach ... riech i recht?
nach frische Weck
es raschelt ... hör i richtig?
nach Papier

vorsichtig hoch
de Hals es bissl strecke
en Blick durch d'Augeschlitz
über de Kisserand
aha
sie war scho fort
beim Bäcker
un sogar am Zeitungsstand

d'auge zu
sie kommt
net lache
ruhig schnaufe
d'Nas ins Bettzeug stecke

ich bin doch net bleed
un wach selber uff
in dreißig Sekunde
laß i mi wecke

Als die Ros noch e Ross war

In 're Stund mache d'Läde zu, un ich hab noch nix. Jedes Johr s'gleiche Theater. Ich schwitz. Die Luft in dene Kaufhäuser. Die Verkäuferinne gucke mi a, als wollte se mir mit ihre spitze Pumps ins Hinnertail trete. So aggressiv sin die. I kann's versteh. Vier Woche lang in dem himmlische Trommelfeuer von Fischerchör, Karel Gott un Regensburger Domspatze, in dem Dauerschmäh von Hosianna un Schellegebimmel stehe müsse. Goldbändele zu Spirale drehe un de Leut sage, sie könnte natürlich alles widder umtausche, ja, bloß de Kassezettel dürfte se halt net verliere.

Jesses, wie ich schwitz! Ganz naß bin i unner de Ärm. Ich hab noch nix. Net emol e Idee. Herrgott, irgendwas müsse mer doch brauche. Des gibt's doch net, daß mir nix meh brauche. Was hab i denn jetzt in de Möbelabtailung zu schaffe? Bloß raus aus dem Irrgarte, aus dene Stellwänd mit dem ganze dode Kruscht. Des sieht jo aus wie dehaim, bloß uffg'räumt. Küchemöbel, leere Sitzecke, Schlofzimmer mit Spiegelschränk, daß mer sich als abg'hetztes Rindvieh in Lebensgröße betrachte kann. Jetzt müßt i ohnmächtig were. Bewußtlos uff so e französisches Bett falle un nach'm Hailige Obend, wenn der Zirkus vorbei isch, widder zu mir komme.

Jedes Johr nemme mer uns vor, mit dere blöde Schenkerei bei uns Erwachsene Schluß zu mache un des Geld uff e Spendekonto zu überweise, wo's uff de Welt doch waiß Gott Elend g'nug gibt. Mir spende a immer was. En g'wisse Betrag. En G'wissensbetrag. En g'wisse G'wissensbetrag, so könnt mer sage. Natürlich net soviel wie mer für G'schenke ausgebe. So e schlecht's Gwisse habe mer net. Desjohr habe mer a widder ausg'macht, daß mer uns nix meh schenke. Gut, e paar Klainigkaite vielleicht. E nettes Briefpapier, en b'sondere Cognac, e schöne Schallplatt oder so. Un mir könnte a mol was baschtle. Warum denn net? Aber ich kenn des inzwische. Jeder zieht haimlich los un kauft ei, rüschtet sich ganz hinnerfotzig un gege alle Abmachunge für den Überraschungsschlag am Hailige Obend, wenn das Fest der Liebe seinen Höhepunkt erreicht. Wenn 's Gschenkpapier raschelt un alles mit rote Köpf durchs Wohnzimmer taumelt, sich in d'Ärm fallt un ruft „des wär doch net nötig g'wese" und „du bisch jo verrückt, Helga! Sowas Teueres." Wenn alle Kerze brenne un sämtliche Engel singe wie wahnsinnig, dann lauere se, bis ich auspack.

Sie gucke un warte un freue sich druff, bis ich mich endlich a freu. Un ich hab garantiert en Schachcomputer oder e Mondphase-Uhr in de Händ, irgendwas von vierhunnert Mark uffwärts. Dann steh i do un hab nix. Beim Fescht der Liebe mit leere Händ. Oder mit mei'm nette Briefpapier zu zwölf Mark fuffzich, mei'm selbergebaschelte Hampelmann. Des halt i net aus.
Noch e knappe Stund. D'Gschenkabteilung. Do kriegt mi niemand raus, bevor i net was hab.
„Es ist ein Ros entsprungen von einer Jungfrau zart, eia eia, von einer Jungfrau zart...", kommt's aus de Lautsprecher un rieselt zukkersüß von de Deck. Früher, als Kind, hab ich immer „Ross" statt „Ros" verstanne. Mit der „Jungfrau zart" hab ich nix a'fange könne. Aber des war mir egal. Für mich war nur wichtig, daß irgendwem en Gaul durchg'ange isch.

Alois Ihle

De Beddkiddl

Es waa emool zua Rissazeid
do hoggd ma zomme, schwedzd mid de Leid.
Dringgd aa emool mee als fo de Doschd
wies hoomwäds geed isch oom e Woschd.

De Sebbl, dea hod allzusea
ens Glaas gegugd, dess umsomea
ea graad zee Sailin hod vascherwld.
Wass scheaden doo die Fraa unn alle Iwwl
ea bleibd beim Rissa unn de Zwiwwl.

Ma dringgd un schwedzd
ma schwedzd un dringgd.

Des tückische beim Rissa isch
ma merigd ned, dass ma bsoffe isch.
Beim uffschdee, konns oom donn bassiare
ma dud dess Gleichgewichd valiare.

„High – high –"

En Zwedschgekuuche isch nedd selde;
„Gell Fraa, de Rissa ischs – dunn mi nedd schelde!"

„High – high –"

De Sebbl schleichd uff alle Viare
drei Haisa weida, suchd soi Diare.

„High – high –"

De Sebbl find mid Nood un Miih
di Schdalldia – griechd zum Boschdevieh.
Ea schbiad die Wärm un kuschld sich –
„High – dud des gud – wonn endlich bei doim Frääle ligsch"

Ea fummld rumm – denggd volla Schdolz:
„Moi Finnsche hodd noch gonz schee schrommes Holz."

Di Sau, die droomd vum Muddagligg
un glaabd es wea ia gonzi Kinnaschaa zurigg.

De Sebbl fummld ruff unn runna –
doch oons dess will em gaaned nunna –
„High – Finnsche, saag zum Dunnaliddl –
said wonn hosch du – high – zwuu Raij Gnebf em Kiddl?"

Familiebloonung

Voa e paa Joazehnde hod ma noch nix vun Empfengnißvahiedung odaa Familienbloonung gwißd. En Fernsea hods doomols noch ned gewwe. E Kinnaschar vun zeene, zwelfe wa do ga ko Seldenheid. Wonn do emool e Familie grad o odda zwaa Kinna ghad hod, do isch em Dorf schu geduschld worre: „Wie mache die dess bloos, daß die ko Kinna grieje." odda „Bei denne schdimmd ebbes ned –!" Di Vruni vun de Gass zum Beischbiel hod grad o Dochda ghad. E Heifl Weiwa schdeene beinonna un halde Dorfgladsch: – „Oow gugd emool awwl kummd d Vruni, heid muß die uns emool varoode wi die dess mache, daß si koi Kinna mee grieje – hosch's ghead Vruni – varood uns emool dess was dia machd, daß nix mee bassiad bei eich?"
„Ha des isch gonz oofach, ia wißd doch daß mia e Schdroßeladenn vorem Haus schdee hewwe!"
„A was hod denn s Kinnagrieje mid de Schdrooßeladenn zu dou?" „Schdrigge – gonz oofach schdrigge?" – „Ha ha ha – schdrigge?" „Isch hogg mi oweds ens Fenschda un schdrigg bis de Alde oigschloofe isch. Wonna schnarrischd, leeri mi an ens Bedd. Wonn i merig, dassa uffwachd, hogg i mi schnell widda ens Fenschda unn schdrigg weida – un dess hald sou die gonz Nachd."
„Mensch wonn ma doch a sou e Schdrooßeladenn voa em Haus schdee heede!" head ma dodruff di vadudzde Gladschweiwa saifze.

Furche

Furche?
Furche muß ma zieje
Furche vum Horizond
zum Horizond.
Furche?
Grade Furche!
Dess Alde uffreiße,
Bewehrdes bewahre,
nedd zudegge,
ebbes neis schaffe,
neie Idee'e
neis Lewe.

S Wiimigli

„E Wiimigli –" greischd moi Gejeniwwa
isch dengg „was will des Frauezimma –?"
„Wii–?"

„Em Wii do hoggd e Miggli drinne!"
hea isch erneud die Frauenschdimme.

Jedzd demmads mia – s isch allemonnisch
ned pfälzisch un ned unnabadisch.

„E Woimugg" hasd bei uns des Vieh
doch une Brill seh isch des nie.

„E' Lubb muß hea –" mia gugge noi –
do seh isch donn des Vieh em Woi.

Zwaa grouße Are seh isch doo
grad sou als glodzd en Frosch misch oo.

Isch glodz jedzd noi – die Mugg glodzd raus
„Wie logsch des liewe Vieh vum Woi bloß naus –?"

Dea Doschd dea blogd misch – „Sabbalodd!"
„Zur Tat – denn gude Woi schidd isch ned ford!"

„Jedzd häsch –" mond jedzd moi Viesavie
„De Schungge glii debii bim Wii"

Wii = Wein

Droomareie beim Woi

Wonn ma sou uff emme Feschdl hogd
un ab un zu enne me Feddl schlodzd,
do kummd ma monschmool doch ens
droome…

Do hogsch du rumm, wesch ald un grumm
un vo dia renne junge, hibsche Medlin rum.
Do dud dias innalisch gonz weh
uns gribbld dia bis on de Zeh.

Isch schdegg die Nas ens Woiglas noi
un dengg: „Fafliggsd noch mol,
keensch jedzd ned a noch zwonzisch soi?"

Vasuch dem Woi soin Dufd zu grinde
un griwwl iwwa gloone Sinde –
wie's fria gwesd –, was soi hed kenne –

Was soll des gonze Rummgefasl?
was rumm isch, isch emmool vorbei.

Nedd bloos des Friejoa,'s gnaggisch Friegemies,
a dem Herbschd soi reife Frichd
senn rischdisch fruchdisch un a sieß.
Do gibds de junge Woi un Rissa
un herwe, dufdische, edle Dropfe –.

Isch heb moi Glas –, seh d Sunn drinn funggle
un schbia, wie die a in mia wirgd –.
Isch mach moi Are zu un droom –,
daß_a dess Alda Freude birgd.

Hausschdond

odda wi mass gean heede odda heede deede.

E Kochheffele, e'Weglholz, e'Millichheffele
zee Subbedella.
En Koddledglopfa, e'Graudmaschindl, e'n
Dooseeffna, zee Veschbabreddlin.
E Liddablech, e' Broodpfendl, e'Woiheffele,
zee Kaffeetasse.
E Beddfleschl, e'Gudslform, e'Schbringales-
moddl, drei Kucheblecha.
E Buddafessl, e'n Bodschomba, e'schbidzischs
Messale, zee Aijabecha.

Des alles hawwi!

E Haisl em griine zwaa Kiilin em Schdall,
e'Saile zum Schlachde, enn Haaseschdall.
En Wengad zum Schaffe, zee Käschebeem,
e Bongg vor em Haisl, doo isch's gonz
begweem.
E Veddl zum Schlodze, e'Weiwl em Bed,
was will I' noch mee em Leewensduedd.
Des Leewe isch korz, mool dunggl un a e'mool
Sunneschoi,
isch sidz uff moim Benggl un fraj mi em Woi.

„Kumm Frääle sidz hea un ruug di mool aus,
nedd imma schaffe un boore em Haus.
E'Schwedzl dud guud, e' liiwes Word,
bleib endlich sidze, geh ned glei ford."

Di Sunn gehd glei unna, s'wedd ruisch um's
Haus,
isch schlodz noch moin Woi, dringg's Heffele
aus.

„Du - - geesch schu - - -?. Schloof ned sou
schnell oi,
isch kumnm gleich nooch, supf graad de
Reschd Woi."

Isch mach jedzd em Haisl di Lischda aus,
dess Leewe isch korz, kumm nidze mas aus.

Bodschomba - - Bettschüssel
Aijabecha - - Eierbecher, zee - - zehn

Marliese Klingmann

Haaidebiiwl

Haaidebiiwl
libbs Haaidebiiwl
i schmeiß
zeh Pfenning en die nei
du nicksch
mit deim schwarze Kepfl
sechsch
donkschee
donkschee
for alles

Haaidebiiwl
libbs Haaidebiiwl
tu nicke
tu nicke
nicke
nicke
sog donkschee
mit deim schwarze Kepfl
donkschee
donkschee
for alles

Haaidebiiwl
libbs Haaidebiiwl
isch dei Hälsl steif
vum Nicke
donn
wersch repariert
bis widder funktioniersch
un d Welt
en Ordning isch

Haaidebiiwl
libbs Haaidebiiwl
tus s Kepfl schittle
sag noo
i
will
net

Iwwer Nacht

Prominent isch er gwest
un jetz isch er gstorwe

e treier Monn
en gudder Vadder
wär ne gnumme worre
schreibt sei Fomilie
en tiefer Trauer
en der Doudesoozaaig

prominent isch er gwest
e groußi Leicht hot er
viel Trauergäscht senn kumme
viel Trauerredde werre gschwunge

en gudde Komerad
heed sie verlosse
sare sei Schulfreind

en großzijische Chef
heede sie ghadd
sare sei Arweiter

en fähischer Kopf
heede sie verlore
sare sei Parteifreind

en färer Gegner
meeßte sie heit beerdische
sare die von der onner Partei

prominent isch er gwest
un jetzt isch er gstorwe
allminonner sare sie
Libbs un Gudds iwwern

wie sich en Mensch
iwwer Nacht
doch ännere konn

Verdienschtkreiz

Heit
kriggt er
s Verdienschtkreiz
em Bändl
iwwerreicht

der Minischter
raaist
heegschtperseenlich
oo
weje ehm

stolz
streckt er
sei Bruscht naus
daß der Hemmeknopf stratzt
un der Minischter
gut beikummt
mit der Ehr

der Minischter
steckt sie em
mitsomt
Kreiz un Bändl
en d Bruscht

donn
drickt erm
noch dreimool
herzhaft d Hond
zwaaimool
for de Fotograf

**Der Aktekuffer
odder
En Daag emme kloone Leewe**

O letz, s isch scho widder vertl durch un em achte muß er em Gschäft sei. Schnell de Aktekuffer en d Hond, s Veschperbrout neiglegt, en Apfl dezu un de Hut uffgesetzt.

Gonz vorsichtich schleicht er sich naus, ziegt leislich d Abschlußdier zu. Den finfte Diel vun vorne läßt er aus, weil er kroonzt. Sei Fraa schleeft noch, net um alles meegt er si uffwecke. Des deet em graad noch fehle!

Halwer vorbei! Er rennt d Steje nunner, sou schnell, wie er mit seinerne kaputtiche Booi konn.

Herrgott, heit isch jo Freitag, un er hot de Eikafszettl drowwe lieje gloßt. Der Daag fängt jo gut oo! Nochemool nuffgschnauft, vorsichtich de Schlissl ens Schlisslloch neigsteckt un rumgedreht. Er schlupft nei, awwer en den finfte Diel vun vorne denkt er net; des Kroonze trifft en wie en Schlag. Un schun heert er aus der Schlofstuwwe sei Fraa: „Was hosch donn heit widder vergesse? Denk droo, daß Freitag isch. Nemm noch zwuu Plastichguggere mit, s isch en Haufe Sach eizukaafe!"

Er mecht, was si sescht, greift noch em Eikafszettl, ziegt de Dischkaschte uff, wu d Guggere drin senn, nemmt zwee Plastischbeitl raus un schmeißt alles en sein Aktekuffer, hetzt naus un vergißt schun widder den finfte Diel. Er zuckt zomme un zeigt uuwillkirlich s Gnick ei.

Nadierlich, sein Bus isch fort. Er hot sich's jo glei gedenkt. Kummt er heit halt zu spät ens Büro. Wennigschens kriggt er en Sitzplatz; des isch der Vordaail, wonn er den onnere Bus nimmi verwischt. Er drickt sich en e Eck nei, dusslt e bißl vor sich noo un – verbaßt schiergar s Aussteije.

Her mim Aktekuffer un naus aus em Bus. Er hot sei Fiiß noch net gonz uff em Boude, do fährt der Bus scho oo. For en Aareblick verliert er s Gleichgwicht un sterzt schier noo. Er konn sich graad noch fonge un hot noch emool Glick ghadd.

D Uhr vun der Heilichgeischtkerch schlecht grad achte.

Liewer Himml, dunne ehm sei Booi widder weh! Er moont graad, er heed Holzgletz unne droo hengge. Sicher gebt's onner Wetter.

Schwerfällich geht er d Stroße entlong. Awwer je näher, daß er zu seinere Firma kummt, desto ufrechter werd sein Gong, desto flotter werd sein Schritt. Un wie er en seim Gschäft ookummt, sieht merm die Schmerze en seinerne Booi nimmi oo. Mit seim Hut uff em Kopf, seinere Krawatt um de Hals un seim Aktekuffer en de Hond stellt er oofach ebbes vor. Daß en dem Aktekuffer zwische de Plastischguggere sei Veschperbrout her un no rutscht un en Apfl rumkuriglt, des waaiß jo niemond.

Uffrecht un stolz geht er durch d Pforte em Portier vorbei un lächlt dem alte Portier e bißl zu. Der hebt sei Hond en sein Portierskappeschild un steht fascht stromm. Un er werd e paar Zentimeter greeßer debei un hot sei Weh en de Booi gonz vergesse.

Der Liftboy waaiß, wu er noogfahre werre will un griißt net halwer sou freindlich wie der Portier. Ooner, wu em vierte Stock bei de Groußroumbüro schafft, konn kon wichtiger Monn sei. Vun sou oom hot mer nix zu erwarte, do hot der Bengl e Aag defor.

Isch des heit e Schwiihling en dem Uffzug! Die Schmerze en de Booi kumme widder un senn, bis er drowwe ookummt, koum meh auszuhalte. Ha jo, er hot sei Durchblutingspille net gnumme heitemorje! Koi Wunner, daß s en seinerne Booi sou wimmlt un sticht!

Der Uffzug hält, er stolpert naus. Sicher senn sei Kolleje scho all uff ihrm Platz. Des konn er als gar net leide, wonn si en sou oogucke un des Grinse ens Gsicht krieje, wie wonn si alliminonner en sein Aktekuffer neigucke keede un weeßte, was drin isch.

Er setzt sich en sein Schreibtisch un verkriecht sich hinner emme Berg vun Leitzordner, daß er des Grinse nimmi scje muß. Ach, dut des gut, d Booi e bißl vun sich zu strecke. Jetzt sood mer noch d Schuh auszieje, des wär der Gipfl vun der Bequemlichkeit. En Gedonke spielt er durch, wie's wär, wonn er strimpfich doositze deet. Was sei Kolleje woll saare deete?

Er meeßt uubedingt emool widder zum Dokter geh. Awwer der schreibt en em End noch kronk. No, na des net! Was soll ern dehoom?

Mittagspaus! Gott sei Donk, der halb Dag wär gschafft! Heit meegt er blouß sei Ruh hewwe un setzt sich noch weiter hinneri ens Eck nei wie sunscht. Awwer ausgrechlt heit left em s Freilein Olwert vun der Beschaffing iwwer de Weg un setzt sich aa noch zu em en de Disch. Si verzählt un verzählt un hot e geduldichs Opfer gfunne. Er quatscht net dezwische, un sie konn endlich emool alles louswerre, was sunscht kon Mensch heere will. Ab un zu nickt er mim Kopf un regischtriert koi Wort vun dem, was si verzählt. Er denkt blouß, „daß oon oonzicher Mensch sou viel schwätze mag!"

Der Nochmittag verleft fascht normal. Korz vor em Feierowert knallt em noch ebber ebbes uff sein Schreibtisch, wu fertich werre muß. Hoffentlich fährt em der Feierowertbus net aa noch vor der Nase fort, sunscht werd's eng mim Supermarkt.

Er zowwlt sei Krawatt zurecht, setzt sein Hut uff, nemmt sein Aktekuffer, beißt uff d Zäh, reißt sich zomme un geht uffrecht aus em Büro naus. Blouß niemond zeije, daß er schier nimmi konn. Debei isch niemond meh do.

En de Pforte sitzt schun der Nachtportier. Aa der hebt sei Hond en sein Portierskappeschild un griißt, awwer mim Strommsteh hapert's, des hot der nimmi glernt.

Bis er endlich, vollgepackt mit drei Plastischbeitl voller Sach aus em Supermarkt, hoomkummt, isch's halwer achte, er hot e naß Hemm oo un spiert koum noch sei Fiiß vor lauter Weh.

Sei Fraa wart scho uff en. Si meegt e bißl ebbes wisse vun em, meegt e bißl verzähle vun ihrm Daag, was si gschafft hot. Awwer er plotzt en de Sessl nei, ziegt sei Schuh vun de Fiiß, mecht en tiefer Schnaufer un d Aare zu. Er denkt en den alte Portier, wie der en widder sou freindlich gegriißt hot, denkt ens Strommsteh, hadert e bißl mit der heitiche Zeit, wu die junge Leit sou ebbes nimmi beigebrocht krieje. Un donn straaichlt er en Gedonke iwwer sein Aktekuffer. Wonn er den net heed!

En alles onner, wu em heit bassiert isch, denkt er nimmi – aa net en sei Fraa – des schiebt er weg. Do isch er oofach zu miid dezu.

* * *

Heinrich Kraus

Lorbeerblätter

Do im Dorf unnerm Dach,
ingerahmt zwische Reime,
läb ich lässisch un lejs,
frei mich, well s'Frääche froh isch.
Was off de Welt isch so wichtisch?
Lorbeer leht's off de Löffel un lacht.
In die Brieh demit! Brauch ich der Brulljes?

Zejt haut ab

Scheen Zejt haut ab, so viel mir rer flatteere;
s'wuuscht Alter kommt un blejbt, loßt sich nit steere.
In s'Gnick hupst's äm un lacht off der, wo's traht,
un piesakt dene, wo sich gar beklaht,
un schmejßt der um, wo mennt, er dirft sich wehre.
Es petzt die Ohre, daß mir schlechter heere
un daß mir, was mir heere, kaum kapeere,
bloß äns, das wo's von morjns bis oweds saht:
Scheen Zejt haut ab!
Es nemmt uns Mumm un Ansiehn, Spaß un Ehre.
Im Härn dut s'bißje Wisse ingefreere.
Die Haut werd schrumbelisch, die Stimmung fad;
ma nervt die ganz Bagaasch un koscht de Staat.
Es gibt nix meh wie än Lektion se lehre:
Scheen Zejt haut ab!

Poete-Zwejwel

Gibt's nit zu viel Biecher? Was e Schmu!
Wer hätt bloß, for die se läse, Ruh?
Un ich Esel kritzle noch dezu!

Loß ich's? Oder nit? Erkenntnis trejbt:
Wenn mei Stift do in de Schublad blejbt,
huckt dort schon e annerer, wo schrejbt …

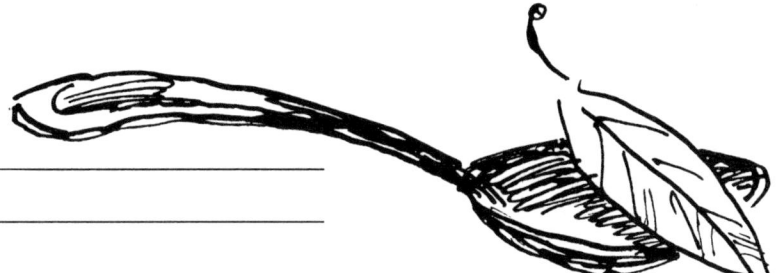

E Stickelche Nadur

Noch klingt die Stimm, die wo bloß Schwalbe heere,
noch macht e Kraft, daß jedi Knoschb offplatzt.
Die Krotte kriehn gesaht, sich se vermehre,
die Spatze, daß ma brav sei Spätzjer latzt.
E Bien wäß, was for Blume ihr geheere,
e Kitzje, wo ma warmi Millich schmatzt.
Es Blaat dut sommerlang am Zwacke halle
un noher, ganz off ämol, nunnerfalle.

Es isch e Wunner, s'greeschte, wo ich kenne,
un immer noch gilt bloß de alte Plan:
Die Sonn geht off, dut hell am Himmel brenne,
un Sterne glitzre fein off ihrer Bahn.
Wer wär so frech, die Ordnung umsewenne
un drowwe dem e anner Ziel se sahn?
E Narr! Er dut nit um drej Ecke denke;
er kann nit sich un meecht es Läwe lenke!

Was hupst, was blieht, die viele Sorte, Rasse,
äns glicklicher wie s'anner, macht sei Tour.
Es isch e Fräd, e Luscht, ball nit se fasse.
Ma krieht sei Zejt, stellt awer nit die Uhr.
Verplember dir se nit mit Gier un Hasse,
denn du bischt a e Stickelche Nadur.
Wenn mir die Welt, scheen wie se isch, nit ehre,
dun mir am Schluß uns selber massakreere!

Verwilderter Garte

Ehrlich gesaht, ich bin kän arisch flejßischer Gärtner.
Soll'n immer bloß, was ich mir ausdenke, bliehe?
Jesses nä! Mei Wieseschaumkraut, off nix bin ich stolzer,
wenn's im friehe Friehjohr trejbt un wolkewejß dosteht.
Oder dort mei Walderdbeere, die schmacke so prima
aromatisch, a wenn se noch so mickerisch rejfe.
Ei segar die Brennessel driwwe hinner de Hecke
butzt als Tee Gedärm un Odere, häält Hämoride.

Alles isch von selber gewachst. Was dut'n so herrlich
wie die Keenischskerz dort un drunne de Fingerhut protze?
Un am Zaun die Dornbeerheck, die halt mir e Rejber
sicher vom Hals. Was soll ich äklischer Stacheldroht ziehe?
Ohne Huddel, mit wenisch Arwed kann ich genieße,
was die Nadur mir gibt, un all die Vöchelcher fiehle
sich wie ich genauso puddelwohl, baue in Hecke
Neschter, peifje mir von morjens bis oweds ihr Ständcher.

Ischele krawwele, Krotte zawwele. Nochbersch ihr Kater
geht off die Jachd zwische Hollerzwacke un Wildroseranke.
Micke, all Sorte, Biene, Weschbe un Hummele summe,
farbische Schmetterlinge därmele iwer mei Blume,
Käwwere renne wäßgottwo, im Schatte lauere Spinne,
Rejpcher klettere noff un erunner, well ich se losse.
Sahn emol:forwas'n a nit? Ich han mei Pläseer dran,
daß a die annere all, wo im Garte läbe, Pläseer han.
Loß se doch babbele, maule, daß ich e Faulenzer wär, un
loß se behaupte, mei guter Garte wär ball wie e Urwald!
Soll ich in soviel Fräd mit Bejl un Hack eninhaue
un verschlahn, was gäre gedeiht? Ich bin doch kän Mörder!

Rudolf Lehr

Katz un Maus

I schenk mer grad de Kaffee ei(n),
do bringt mer d Katz e Maisl rei(n),
als wood sie sååre – i bin bladd –
nemm du des Maisl, isch bin satt.

Doch i verschreck: Des Maisl bebt noch
un rennt vun Eck zu Eck – un lebt noch,
un hot dann ball e Schlupfloch gfunne
un isch seitdem zum Glick verschwunne.

Wann-d driwwer noochdenksch, lernsch do-draus:
S ganz Lewe isch jo Katz un Maus –
sou gehds uns in de Alldagshatz,
mol isch mer Maus, mol isch mer Katz.

Do gilt – un des spierd jeder doch –
des Katz- un Mausspiel Woch fer Woch:
Die Schwächere sin ball vergesse,
mancher isch Maisl un werd – gfresse.

E paar Sprich

Sie redde soviel
un sååre so wennisch,
un sosch des wennische,
was sie sååre,
aa noch glååwe.
   *
Sou isch des im Lewe.
net alles isch nei,
aa dort, wu viel Glanz isch,
sin Kratzer dabei
   *
Do meegd mer als
allem grad devu(n)laafe
un werd dann
vun sich selwer
immer widder ei'ghollt.
   *
Diich ännere zu wolle,
muß-i ufgewwe,
diich ufgewwe,
deed zuviel ännere,
also bleiw-i bei-der,
s isch gscheider.

Wie wennischer
daß mer klaare,
wie meener
hewwe mer vum Lewe.

Herz un Seel

Dei(ne) Hand
in meinere –

dei(n) Herz
ganz noh an meim.

Dei(ne) Seel
mit meinere
verwandt –

dei(ne) Leewe
un meins
uf eme feschde Grund.

Spruch

Sklave simmer,
unser ååjene.
hetze Dååg fer Dååg
enanner nooch –
am Lewe vorbei.

Håånet un Sprooch

Håånet un Sprooch
gheere zamme
wie zwåå Gschwischder,
zwee gude Freind –

sin wie zwee Felse
in de Bodde gwachse,
hänge fer alle Zeite
anenanner.

Håånet un Sproch
hewwe lange Worzle,
wu bis in d Herzfasre reiche
bis in de Urgund vun de Seel.

Ei(n)bildung

Jeder glaabt,
er wär meener
wie er wär.
Wammer awwer wäre,
wie mer sei(n) soode
un uns net fer wichdischer
halde deede,
wie mer sin,
wäre mer viel meener,
wie mer glaawe,
daß mer wäre.

Medaille

Wie i hååmkumm,
såår-i zu de Fråå:
Ich hebb e Medaille kriggt,
vum Minischderpräsident.
Secht sie:
Des sin die Richdische,
wu Medaille krieje
un dehååm net emol
en Naggl in d Wand
schlååre kenne.

Seelepaus

I brauch als mol mei(ne) Seelepaus
un lååf mei(n) Wegl hinnenaus.

Schwetz mit de Bääm, de Felseståå(n),
bin mit mer selwer ganz elåå(n).

Heer die Insekdestimme all
un s Rausche vun-eme Wasserfall.

Dort schlägt kå Uhr un s drängt kå Zeit,
als wärs e Stickl Ewischkeit.

Lååf immer weiter, geh net fehl
un find de Schlissl zu de Seel.

Mer misse zammeleewe

Mer misse zammeleewe,
die Braune,
die Schwarze,
die Weiße –

die Moslems,
die Hindus,
die Chrischde –

die vun drauß,
die vun hiwwe,
die vun driwwe –

die Oldies,
die Grufdies,
die Schufdies –

die no-gos,
die slow-gos,
die gogos –

die Rocker
un die Dschogger,
also nemme mers locker...

---

no-gos = sind jene, die das Schaffen nicht erfunden haben;
slow-gos = sind die Langsamschaffer;
go-gos = sind die Nimmermüden und Rastlosen, die von früh bis spät im Streß sind.

Des was mer suucht

Manche suche lang,
bis sie sich gfunne hewwe.

Manche finne sich
un hewwe sich garnet gsucht.

Manche lååfe devu(n),
suche ebbes bessers –

un krieje dann wennischer
wie des, was sie ghadd hewwe.

Schalom

Mer heere immer noch
die Gebeet, die Psalme, de Gsang,
s klingt in uns nooch,
gedenkt uns noch lang.

Daused Kilometer
hot uns de Itzig gfahre,
ins Galiläische Land,
uf Jericho, ans Doode Meer,
uf Bethlehem, Jerusalem.

Mensche aus alle Natione
hemmer gedroffe,
an de Klagemauer,
in de Felsegrotte un Moschee'e,
uffm Masada-Bladoo.

Mim jiddische Gruß
hemmer uns verabschied,
hewwe uns umarmt –
„Schalom,
s nägscht Johr in Jerusalem."

Un heere immer noch
die Gebeet, die Psalme, de Gsang,
s klingt in uns nooch,
gedenkt uns noch lang –
Schalom.

*

Itzig = jidd. Isaak (von früher her ist der Kinderreim geläufig: „De Itzisch un de Schmuul, die geene midnanner in d Schuul"; der Isaak und der Samuel).

De Herzl vun Malsch

Wie de Abraham vun Mengelse isch aa de Herzl vun Malsch ååner vun de belibbdeschde Judde gwest. De Abraham isch weite Strecke gloffe, de Herzl isch mim Rad gfahre. Feinschdi War' hot de Herzl verkaaft, hewwe die Kroonemer (Kronauer) Seniore verzehlt. Erschtdklassische Stoffe, Leinediecher unsoweider, wu mer – sou de Altbirjermeeschder Robert Zimmermann vun Kroone – heit noch verwenne kann.

De Abraham vun Mengelse

S isch en armer Judd gwest, de Abraham, er hot in de zwanzischer Johre in Mengelse glebt. Uffm Mengelser Juddefriedhouf hot er sei ledschdi Ruh gfunne. Heit noch schwetze d Leit vum Abraham, er isch e Orignal gwest un hot e Herz ghadd, saare sie. Er hot mit Hasebelz ghandelt, hot awwer de Mengelser s Fell net iwwer d Ohre gezorre. Mit de Religion hot ers net so streng gnumme. In Kroone (Kronau) isch er mol in de „Sunn" (Gasthaus Zur Sonne) ghockt un hot mit Abedidd e Schweineribbl verdrickt. No hewwe sie zu-em gsaat: „Abraham, des isch doch net kouscher!" Hot de Abraham gsaat: „Wann iich in de Himmel kumm, kann de Maare ruhisch drauß bleiwe!"

„E halwi deed mer lange…"

Des hewwe-mer die Seniore vun St. Leon-Rot verzehlt: Do geht en Mengelser Judd zum Rabbiner in Malsch un will die Ei(n)willischung zum Heire. „Nix degeeje", secht de Rabbiner. No frägt de Judd: „Awwer Herr Rabbiner, keend ich net glei zwee Fraue heirate?"
„Zwee Fraue?" secht de Rabbiner, „also des werd net so leicht sei(n). Jetz meschs emol so: Nemmsch erscht die ee(n) Fraa, un noch-eme halwe Johr werre mer weitersehe."
E paar Måånet dennoch drifft de Rabbiner den Judd im Dorf un frägt-en: „Nuu, hosch jetz die zwedd Fraa?" Sechd der Judd: „O, Herr Rabbiner, keend mer die, wu ich hebb, net dääle, e halwi deed mer lange!"

Allaa – d nägscht Woch in Heidelberg!

Ich hebb neilich
im Menschestrom
in de Heidelberjer Hauptstrooß
gedenkd:
Jetz musch doch emol
nåå(n)horche
in des Stimmegwerr,
ob do noch Heidelberjer sin,
wu Dialekt schwetze.

Nix hewwi gheert,
außer Englisch,
Französäisch
un Tirkisch...
En Haufe Japaner
hewwi gesehe,
awwer die schwetze nix,
die fotografiere blouß...

Im Cafe bin-i dann ghockt,
bei-eme Ehepaar,
„endlich Heidelberjer",
hewwi gsååt,
„un Heidelberjer Dialekt!"
„Peifedeckel",
sechd der Mann,
„mer sin vun Mannem!"

„Gibts dann in Mannem
kån gude Kaffee?",
hewwi gfroogt.
„Ha" – secht der Mann –
„mer liewe halt des Städtl
un kumme jedi Woch emol!"
Er hot sein Kaffee bezahlt
un hot gsååt:
„Mer sin Rentner
un hewwe-s eilisch –
allaa – d nägscht Woch widder
in Heidelberg!"

Pälzer hiwwe un driwwe

De Rhei(n)
drennt uns
poliddisch,
awwer mer sin uns
net fremm,

mer schwetze pälzisch
midnanner,
hiwwe wie driwwe,
do beißt kå Maus
en Fade ab.

S isch e sunnisch Fleckl
zwische de Hardtberg
un em Oudewald,
un s lebt e Rass
hiwwe un driwwe
vum Rhei(n),
wu sich verdrägt,
wu iwwer Generatione
midnanner
verbunne isch.

Mer hocke zamme
midnanner,
mol hiwwe,
mol driwwe,
mol in Wiesloch,
mol in Speyer,
mol in Woinem, in Mannem,
in Landaa,
in Derkem
odder in Boggene –

un verzehle,
mache Sprich,
drinke aa
en Schobbe midnanner,
babble
wie uns
de Schnawwl gwachse isch,
frååje uns driwwer,
daß mer Pälzer sin –
des wolle mer bleiwe!

Spruch

Lang genunk
simmer de Johre
vorne-naus g'rennt
im Iwwermut.
Wann-d älder wersch,
hängsch immer meener
hinnedrin
un de Johre hinnenooch.

Spruch

S kann kååns
die Welt verännere,
awwer
s kann jedes
e Lichtl sei(n)
im Dunkel.

Spruch

Wammer
selwer ebbes
vun sich hält,
des hilft ååm weiter.
Besser isch,
wann d annere ebbes
vun ååm halde.

Spruch

De Weg zum Erfolg
fihrt
iwwer steile Drebbe.
Un bisch endlich owwe,
bleibt vom Leewe
nimmi viel.

Seller Eisenbähnler un de elfde Schobbe

Regelmäßisch isch er im „Deidsche Kaiser" in Eschelbronn ghockt un hot sei(ne) zee(n) Schobbe gedrunke, des war sei(ne) Quandum. An sellem Owed hot de Wert zum Eisebähnler gsaat: „Heit sins elfe, wu-d gedrunke hosch." „Nie im Leewe", hot der Schobbeschlotzer reklamiert, un hot wie immer zee(n) Schobbe bezahlt.
Am nägschde Dååg hot de Eisebähnler zum Wert gsååt: „Du hosch recht ghatt: S ware geschdern elf Schobbe." „Wie hosch dann des noch gwißt?", hot de Wert wisse wolle „Ganz å(n)fach", hot seller gsååt, „bei zee(n) Schobbe isch de Boddschamber nie iwwergloffe, awwer heit nacht isch er s erschde Mol iwwergloffe."

Boddschamber = aus frz. pot de chambre; der Ausdruck wurde erst nach 1780 in der Pfalz registriert (Pfälz. Wörterbuch).

Seller Seggemer Schäfer

Friher war mer efders druff aus, enanner en Duck* zu spiele; sou hewwe aa die Seggemer un die Ilvasa (Seckenheimer und Ilvesheimer) immer widder enanner zum Narre ghalde.
Seller Seggemer Schäfer hot sei(ne) Schoof am Necker grase losse un hot uf d Ilvasa Seit niwwergwodd.
Do secht er zum Fährmann:
„Ich meegt do niwwer mit meine Schoof, wo isch-en s Wasser seicht?
Secht de Fährmann:
„Zwanzisch Meeder weiter drunne kannsch niwwer, do ischs net so dief."
Des hot de Seggemer Schäfer gmacht un hot dann denooch bloß noch jammere kenne:
„Du Rindvieh, jetz sin mei(ne) ganze Schoof versoffe – –!"
Secht de Fährmann: „Also des isch mer e Rätsel... Vorhin sin noch Wildente niwwergloffe, do hewwe die Kebb un die Häls aus em Wasser geguckt."

Duck = m.: hinterlistiger Streich
niwwergwodd = hinübergewollt

(aus „Daheim, dehååm, dehååm" von Kurt Bräutigam/Rudolf Lehr; 1986)

Thomas Liebscher

Meh wie schee: unser Wald

Nadierlich kann ich Ihne do Tips gewwe. Zum Jogge isch unsern Wald meh wie schee.
Am beschte, Sie fahre do naus durchs Induschtriegebiet. Des zieht sich. Dann fahre sie uf die Bundesstrooß, die vierspurig isch. Aber glei an de negschde Ausfahrt gehe sie widder ab.
Sie komme dann unner der Autobåhn durch. Noi, net sellere, awwer der onnere, die viele Nummere kenn ich net. Also unner der Autobåhn durch, un noch iwwer die nei Båhnlinie driwwer, des isch die Schnellbåhn.

Wenn Sie die hinner sich gloßt hen, kommt gleich en Parkplatz. Dort stelle sie am beschte s Auto ab. Dann kenne sie praktisch nur in oi Richtung gehe. Der Weg isch schee brait un betoniert.

Nach zweehunnerd Meter kumme sie widder an e Båhnlinie, des isch die alt. Do laafe sie e Stickel entlång. Dann gehts rechts ab in Richtung Autobåhndreieck. Des rieche sie schon von weitem ganz gut.

Dohinner hen sie praktisch zwai Meglichkaite: Entwedder Sie laafe rechts rum und kenne sich an dem Zaun orientiere, wu um des ameriganisch Militärgelände geht. Oder Sie halte sich links un misse nooch 300 Meter die Rennstreck iwwerquere. Wenn des heit geht. Vielleicht isch irgend en Tescht. Awwer des deede sie schun ball heere.

Zum Parkplatz zurick komme Sie automatisch, Sie misse oifach widder unner de Autobåhn durch, dere annere desmol, un losse des Schützehaus links liege. Koi Angscht, wenns e bissl knallt. Un wenn sie dann widder aus dem Wald raus sin, kenne sie sich jo für die Rückfahrt an dene Tirm vum Kraftwerk oriendiere.

Net verschrecke, wenn em Ortsausgång e paar Flieger driwwer rausche. Dort vorne isch en Landeplatz, wo heit e bissl was los isch. Noch dem glei rechts fahre, an der Milldeponie vorbei, dann sin sie schun iwwer unser scheeni Gmarkung naus.

Unsern gschitzter Låndstrich

Koi Lawinegfahr,
kaum Hochwasser,
koi Sturmflute,
noch kaum Dürreperiode.

Blos die paar Diefflieger.
Un die sterze aa blos
alle zwai Jåhr
bei uns ab.

De heilige Kuh ihrn Schwanz

Ich reg mi jedesmal um viertel neine so uf, daß i mi jedesmol noch driwwer uffreg, warum ich mich iwwerhaupt noch uffreg.

„Von den Azoren her zieht ein Hochdruckkeil in rascher Strömung in die Biskaya. Gleichzeitig verschiebt ein Tief polaren Ursprungs eine Luftmasse, deren Kern über der irischen See liegt, ehemals in Skandinavien beheimatete Luft quer über Mitteleuropa, wo es nahe der europäischen Wasserscheide zum Zusammenprall mit kontinentalen Ausläufern eines Festlandhochs über dem Baltikum kommt, was aber für unser Gebiet keineswegs bestimmend ist."
Koi Wunner pipsts jedesmol am End von der tägliche Schau.

Wie wär's dann, wann mer den Schwonz vun de heilige Kuh e bissl modern schtyle deed, un oifach glei sagt, wie s Wetter werd? S werd ja dann sowieso annerschd.

Winter

Sogar der halwe Mond isch schun
uf, wenn d Sunn mihsam
hinnerm Kraichgau vorgrabbelt.
Fascht alle Leit gehne im Dunkle
schaffe un sehe net, wie die Äcker
glänze un die Beem vom Newel
vermummt werre.

S Gscherrspiele isch nimmi so
uahgnehm,

de Nochber läßt zum Scheiwekratze
de Modor laafe
un zeigt uff moi Empörung
empört uf sei Plakette: G-Kat.
Des 'G' steht wohl für grach-frei,
un iwwerhaupt.

Zwische de Johre isch alles zu.
Sogar s Fernsehe macht Invendur
un kramt für de Nåchmiddag
uralte, spannende Serie aus.

Wie lang derf mer eigentlich de
Chrischtboom stehlasse?
Wie lang Weihnachtsgutsel
oder Stolle abiete?
Sternsinger im Fahrstuhl mache sich
schun komisch.

Friher sin d Kinner uf de Strooß
Schlidde gfahre.
Heit kannsch die lange Unnerhose
im Schrank losse.

Herbschd

Mensch, es isch Zeit,
e Herbstgedicht zu schreiwe,
wenn sich s Spargelkraut rot färbt
wie die Beem,
d weiß Fåhn iwwer de
Zuckerfabrik steht,
de sißliche Geruch von de Riewe
iwwer de Stoppelfelder hängt
un d Pfälzer Berg gånz noh do sin.
Grad so wie s Kernkraftwerk
jeden Dag.

Der Summer war arg groß
wånns Radfahre schwierischer werd
wie s Drachesteigelosse,
die Staumeldunge widder kerzer sin
awwer defor die Militärkolonne
länger,
jedes Wocheend e Vereinskonzert isch,
d Leit widder blasser werre
un zeige ihr Dias
vun Kuba un Bali.
Ich war bloß am Baggersee.
Wenn i en Parkplatz gfunne heed.

Waltraud Meißner

Neies Läwe

En Druck, en Schmerz,
noch innerlich:
E Wunner, des ereigent sich!

E Krääsch im Glick,
schier midderlich.
E Neies Läwe fließt dorch mich!

E Sinn, e Ziel,
jetzt wissentlich.
U(n)sterblich fascht, allää dorch Dich!

Viel Frääd, a Pflicht,
verantwortlich.
Zwää Menschekinner – Du un Ich!

E äfachi Rechnung

Sich en Belzmandel geleischt,
en Videorekorder kaaft,
Skiurlaub gebucht
un e nei Audo a(n)g'schafft.
– Gut geläbt! –

Finf Mark fer „Brot fer die Welt"
g'spend,
zwää Butzlumbe vun de Blinne genumme,
drei Mark in de Klingelbeidel g'schmisse
un zeh(n) Wohlfahrtsmarke kaaft.
– Läwe geloßt! –

Bilanz gemacht un feschtg'stellt:
Sich Winsch(e) erfüllt, macht 27 410,- Mark
un's Gewisse bestoche 22 Mark 50!

Philoso-vieh

Ich hab schun manchmol als gedenkt,
ich mecht bloß wisse, wo's dra(n) hängt,
daß so en Mensch, oft u(n)gehemmt,
sich ganz spondan die Freiheit nemmt,
sein Nächschte in Konfliktbereiche
so gern mit Diere zu vergleiche!?
Ochs un Esel, wie Kamele
duhn fascht Daach fer Daach nit fehle;
Kuh un Gluck un dummer Hund
machen unsern Alldaach bunt.
Wutz un Rindvieh, Meckergääß,
Hammel, Roß, wie jeder wääß,
un noch viele große Diere
duhn des heitische Läwe ziere.
Deshalb hab ich iwwerleggt,
wo dann do die Ursach steckt?

Schuld an dere Viecherei
kennt vielleicht de Noah sei…
Wann der domols g'schalde hett,
anstatt die Diere all gerett,
wärn doch heit in Stadt un Land
all die Ausdrick u(n)bekannt!
All dänn Spott fer beese Zunge
hett die Sintflut längscht verschlunge!
Doch de Mensch in seim Bemiehe,
jeden dorch de Senf zu ziehe,
deet wie wild sich widder b'sinne,
um a do Ersatz zu finne.
Fer die dumme, alde Faxe
deeten neie Ausdrick wachse:
Wär'n Ochs un Kuh un Esel fort,
wär Schmetterling e wieschtes Wort!

Zufall „Mensch"

Daß ich behinnert bin
un schwer bloß Freunde finn,
des hab ich schnell begriffe:
Uff Mitlääd is gepiffe!

Daß ich kä Eltre hab,
des geht mer nit so ab.
Ääns hab ich schnell begriffe:
Uff Liebe is gepiffe!

Daß ich kä Wohnung finn
un halt en Penner bin,
des hab ich schnell begriffe:
Uff Hämet is gepfife!

Daß ich kä Ärwet krie'
un so kä Zukunft sieh,

des hab ich schnell begriffe:
Uff Zaschter is gepiffe!

Daß ich e NIEMAND bin,
geht mer nit ausem Sinn!
Des hab ich nit begriffe!
Uff Zufäll is gepiffe …

Bestännicher Wechsel

Seidich schimmernde Sunnestrahle,
Krokus, die sich im Rase ahle,
Tulwekelche mit leise Wehe:
Endlich duht's widder nauszus gehe!
Läwe zum Läwe bereit –
Gebärendi Friehlingszeit.

Ährefelder wie Meereswoge,
schwer beladene Trauweboge,
schwarze Dolde an Brombeerhecke:
Läwensreichtum an alle Ecke!
Asphalt, staawich un lummer –
Kraftvoll hitzischer Summer.

Schwalwegezeder, Gorgle im Faß,
verblichner Halm, vum Morchetau naß,
grell g'schminkte Blädder danzen dorch d' Luft,
Schwermut un Abschied im Rosedurft,
goldni Sunn, doch's Läwe geht.
Summertraam, vum Herbscht verweht!

Raureif vorm Fenschter, gläserni Luft,
Fille un Kraft zu Ohnmacht verpufft,
froschtiche Händ umklammern d' Nadur,
die Amsel im Baam stellt sich uff stur:
Alles Läwe scheint minder –
Schloof norr, schei(n)dooder Winder…

Bergerfahrung

Dief unner dir – e Dorf, e Stadt,
e Menschheit, wo kä Zeit me' hat,
viel kranke Bääm, en doode Bach,
en See als schwewelsauri Lach,
un Autoschlange, Lärm un Streß,
doch weider owwe dann indes:

Rings um dich rum – e Alm, wo grie,
e ganzi Herd vun Millichkieh

un Glockeblume, Kuhgeleit,
en Mann mit Rucksack – un mit Zeit,
e Wässerle, kristallisch klar,
e Silwerdischtel wunnerbar.

Un in dir selbscht – e Seel, wo weit,
e bissel Hauch vun Ewichkeit,
e G'fiehl vun Freiheit riesegroß,
e Stille, scheinbar grenzelos
un doch e Ohnmacht in dir drin,
die Frooch nooch Herkunft, Ziel un Sinn.

Hoch iwwer dir – e Ursprungskraft,
die alles Läwe um dich schafft,
e Sunn, wo majestätisch strahlt
un sich in Wolkekisse aalt
im meeresdiefe Himmelsbloo:
Du Schöpferkraft, noch bisch du noh!!

* *

Helmut Metzger

Klennere Bretcher backe!

Die Johre gehen trabtrabtrab;
werscht älter un de Lack geht ab.
Mobil is mer längscht nimmi heit;
's Herz stolpert un de Blutdruck steit.
Die Bandscheib pärzt in alle Ritze
un ge de Zucker muß mer spritze,
derf nimmi alles esse, trinke.
Mer gheert aa nimmi zu de Flinke.
Mer mecht zwar immer noch, wie friehr,
doch 's geht nimmi. Kennscht heile schier!

Was mache? frogt mer do verdrosse.
Zunegscht de Kopp nit bamble losse!
Mach, was noch geht, loss dich nit henke!
Nit an die Wehwehcher bloß denke!
Mach dich noch nitzlich, geh spaziere
un trink zwää Verdel bloß, statts viere.
Mach kää(n) Menggengges, finn dich ab,
geh halt im Schritt, anstatt im Trab!
Sei froh un dankbar un du lache,
daß d' noch e bissel was kannscht mache!
Legg dich nit uff die faule Haxe!
Back klenre Bretcher – awer back se!

's Dämmerstinnche

Kää(n) Hinkel heerscht im Stall meh gackre
un schlofe gange is die Sunn.
Die Baure sin dehääm vum Zackre
un in de Stubb is duschber schun.

Die Oma horcht uff's nohe Brinnche;
de Strickstrump leggt se uff die Seit.
Sie macht kää(n) Licht, dann 's Dämmer-
stinnche,
des is ehr allerliebschdi Zeit.

Do kann se simmeliere, dräme,
vun ehre Kinnerzeit sogar,
wu sich noch kens hot misse gräme,
weil „Hetzjagd" noch e Fremdwort war.

Ken Fliegerkrach, kää(n) Audorase,
kää(n) anri U(n)ruh brät un weit;
die Kih un Schof dun friedlich grase;
ach war der des e schäni Zeit!

Do – mitte nei(n) in ehr Entspanne
sterzt jetzt ehrn Enkel in die Diel;
Licht a(n), zum Fernsehkaschte anne.
„Oma, jetzt kummt e Fußballspiel!"

Ehr Dämmerstinnche is verfloge;
die nei Zeit hot se ei(n)gholt – aus!
Die Ruh, die korz, die hot getroge
un 's wusselt widder drin un draus!

Neies Lewe

Zeh Meter hinner unserm Haus
guckt aus em Berg en Felse raus.
En blotter, harter, großer Stää(n).
Kalt, froschtisch – alles bloß nit schää(n).
Un zwische drin, grad in de Mitt,
do is en Sprung im hart Granit.
Aus dere enge Ritz, der kää(n),
wachst mitte aus dem dote Stää(n)
e Schlisselblimmche. Aus dem Gängel
reckt's gsund sei(n) Bliet am hohe Stengel.
Paar Kärncher Sand blos sin sein Grund.
Un doch behaupt sich's stolz un bunt!

Mer is, als wollt des Blimmche sa:
Was ich kann, kennt Ihr sicher aa!

Is aa die Umwelt feindlich, kalt,
wer will, find iweraal en Halt;
dann wer kää(n) große A(n)sprich stellt,
behaupt sich immer uff de Welt!

Un noch was zeigt des Blimmche klää(n):
Jed Herz – un wär's aus purem Stää(n) –
hot irgendwu e wächi Dell.
Un wer die gfunne hot, die Stell,
un sich dort feschtkrallt voller Strewe,
bringt selbscht de kältschte Stää(n) zum
Lewe!

's loßt no!

Do guck emol zum Fenschter naus:
Sechs Uhr erscht un schun duschber draus,
die Dage werren knapp.
De Wind blost schun ganz kalt dohie,
die Sunn lacht bloß noch gääl un grie,
ehr Kraft nimmt langsam ab.
Mer spiert's an alle Enne:
's loßt no! Mer kennt grad flenne!

Betracht die Blumme! Meine Giet!
Erscht kärzlich hen se noch gebliht;
jetzt henken se die Kepp.
Die ganz Nadur, die dauert ääm;
schun fallen Blätter vun de Bääm.
Mer spiert's an alle Enne:
's loßt no! Mer kennt grad flenne!

Hab ich nit Runzle schun im Gsicht?
Mei(n) Kreizweh, is des schun die Gicht?
Die Hoor verlier ich aa.
Un was noch steht, werd langsam groo;
die Aache lossen aa schun no,
oft bin ich, wie verschlaa!
Ich spier's an alle Enne:
's loßt no! Mer kennt grad flenne!

Ja ja, die Dage werren knapp
un nemmen immer meh jetzt ab.
Doch jammre hot ken Zweck!
Kumm, hol e gutes Fläschel ruff,
des meewelt eem schun widder uff;
de Wei(n) hilft driwer weg!
Spierscht's aa an alle Enne,
schenk ei(n) un du nit flenne!

Lewenskinschtler

Zwää Hinkel dun im Hof rumwanre,
do segt des eene stolz zum anre
un macht debei e groß Trara:
„Ätsch, ich legg Eier Klasse A!
Un du, du legscht als, wie ich seh,
bloß Eier Gieteklasse B!"

„Na un?" määnt do des anner druff,
„do driwer reg ich mich nit uff!
Mei(n) Eier sin zwar bissel klää;
for deine gibt's zwää Penning meh!
Ich halt's for bleed un nit for „weise",
deswe' mein Berzel zu verreiße!" –

Des Beispiel zeigt uns widder klar,
wer do de Lewenskinschtler war!

Morge is es widder annerscht!

's gibt im Lewe Aacheblicke,
Freund, do will eem garnix glicke;
schief geht alles Schlag uff Schlag.
Kreizmillione-Dunnerschlag!
Nit glei schelte un nit fluche!
Du e Verdel Wei(n) versuche,
steck e Zigar a(n), wu duft,
blos paar Kringel in die Luft!
Peif uff all dein U(n)mus grad!
Denk an's richdische Zidat
wann d' dann in dei(n) Dachstubb wannerscht!
Morge is es widder annerscht!

Segt Dir ääner was ins Gsicht,
wu d' nit ei(n)verstanne bischt;
hot se dich gekränkt, sei(n) Sprooch
un dir steit en Rooches hoch:
Fang nit a(n) ze räsoniere;
trink drei Halwe odder viere,
raach dei(n) Peifel noch dezu!
Iwerleg in aller Ruh:
Velleicht hot, mein liewer Knecht,
aa der anner bissel recht!
Denk, wann d' in dei(n) Schlofstubb wannerscht:
Morge is es widder annerscht!

Gehscht wuhi(n) mit frohem Sinn,
voller Hoffnung uff Gewinn,
un 's kummt annerscht dann velleicht,
bischt verstimmt un schwer entdaischt:
Zeig nit jedem glei dei(n) Wut!
Trink e Fläschel, des dut gut!
Schmeiß nit glei die Flint ins Korn;
bei der Flasch verraacht dein Zorn!
Un dann, Freundel, sei kää Schof:
Gunn der erscht e Nacht voll Schlof!
Denk, wann d' nochher häämzus wannerscht:
Morge is es widder annerscht!

Awa!

In unsrer Vorderpalz, der schee,
do häßt „awa" soviel wie „nee"!
Des Wort – weit in de Palz bekannt –
stammt, scheint mer, vum Franzoseland,
grad so wie „Drotwah", „Diarreh",
„Schmisett", „Kabottche" un „adscheh"!

„Hoscht schun dei(n) Uffgab gschriwwe, ja?"
frog ich de Schorsch. Der segt „awa"!
„Bumbscht mer zeh Mark, mein liewer Frank?"
„Awa" segt der, „bin selwer blank!"
„Awa", als Wort en Edelstää!
Wer's in de Mund nimmt, der määnt „nee"!

Letscht war ich mol in so 'me Flecke
am Dunnerschberg, in Ruppertsecke.
Ich kumm ins Gspräch dort mit 'me Mann;
neigierig frog ich aa sodann,
derweil ich mich so an en schleich:
„Segt mer als aa „awa" bei Eich?"
Der Dunnerschberger guckt erscht sta(rr),
schittelt sein Kopp un segt „Awa"!

Do war mer's klar dann jedenfalls:
De Dunnerschberg gheert zu de Palz!

Blecherni Hochzisch

Was hot die Ehe vun de Alte
in friehre Zeite zammeghalte?
De Fraa ehr Kochkunscht sozesage.
Mer wäß: Die Lieb geht dorch de Mage.

Viel Ehefraue, die hen heit
zum Koche nimmi soviel Zeit;
sie sin beruflich a(n)gaschiert
un aa sunschtwie emanzipiert.
Konservekoscht is drum en Sege
un kummt de Fraue jetzt entgege.

Un so gibt's heit aa voll Tedeum
e ganz nei Hochzisch-Jubiläum:
„Blecherni Hochzisch" frei un lose
for zeh Johr Middagsmahl aus Dose!

Werner Mühl

Mei Frailein

Uff em Kerchhof e Grab,
wäschd Du, wer do ruhcht?
Uff em Schdää, schun verwiddert,
häb de Namme ich gsucht.

Ich finn en, ich les en,
verschrocke ich bin.
Mei Frailein, mei Lehrer'n,
die liecht jo do drin!

Mei Frailein, mei Lehrer'n,
vun de allererschd Klass!
Wäschd's nimmieh, bei Ehre
war's Lerne noch Schbass.

Des Lese un's Schreiwe,
des war nit grad leicht.
Sie hot fer uns Zeit g'hat,
un hot's uns gezeicht.

Hot jedem ach g'holfe,
ob reich odder arm,
un wann äns mol g'heilt hot,
des nämmt's in Ehrn Arm.

Kumm, Biewel, 's geht weider,
zum Himmel guck nuff!
Der drowwe, der helft der,
mei Wort hosch do druff.

Muschd feschd an en glääwe!
Jetzt wisch der dei Schnut.
Verdäält se ach Tatze,
's war doch bei re gut.

Mei Frailein, mei Lehrer'n!
Ich dank 're 's erschd heit.
Schnell fer se gebät noch,
muß gäh, häb kä Zeit...

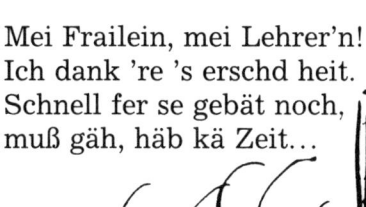

's alde Haus

Jetzt muß se weg, die Hitt, die alt,
mer kann 's jo nimmih sähne!
Angschcht hett mer, daß se zammefallt,
so dut de Stadtrat mähne.

Des ältschde Haus in de Gemää,
was willschct mit däm bloß mache?
Krumm, schäbb die Wänd, die Stubbe klä,
un ball dut 's zammekrache!

E neies Hochhaus wär halt was,
fer 'n Stall voll Mietsparteie,
jo, do käm Geld in unser Kaß,
des braichscht nit zu bereie.

Die Hitt, die alt, die koscht doch bloß,
zich dausend dun uns fehle!
E neies Haus, grad an de Stroß,
do kinnt mer 's Geld dann zehle!

Des breecht was ei, un nit zu knapp,
do kinnscht dein Rewwach mache!
Des schäbbe Haisel reiß mer ab –
so geht 's mit alde Sache.

Wenn steert 's, daß friher in der Hitt
de Amtmann hot drinn g'sesse?
Des zehlt in unsrer Zeit doch nit,
des hämmer halt vergesse.

De Bagger her, un gut gezielt!
Ich sähn 's, kann nimmih hoffe.
Des alde Haisel hot verspielt –
un mich hot's dief getroffe.

Erläwe – nit beschreiwe

Grad vor mer liecht e leeres Blatt,
do sollt en Reim ich mache,
vum Friehjohrszeit in Dorf un Schdadt,
un lauder so fer Sache.

Vun bunde Blume, wu jetzt blieh'n,
vun Vechel, wu wie'r kumme,
vun warme Däch un Birkegrien,
vun Biene, wu rumsumme.

Vun Fliederduft un Obschdbäämbliet,
vun Nachdigalle-Schlache,
vun erschder Lieb un Friehlingslied,
vun laudem Kinnerlache.

Doch 's will nit recht, mei Blatt bleibt leer,
was sin dann des fer Bosse?
En Sunneschdrahl fliecht zu mer her
un bischbert: "Kumm, du 's losse!

Raus aus de Schdubb! In Feld un Wald,
do sollschd im Friehjohr bleiwe,
de Friehling, wäschd, den muß mer halt
erläwe, nit beschreiwe!"

Bääwaldgschichte

Kennen Ehr eichentlich de Bääwald? Nä? Dann werd 's awer allerhechschdie Zeit, daß Ehr nen mol kennelernt. Des isch de schänschte Wald, wu 's iwwerhaupt gäbt! Ehr kenn des ruhich gläwe, un finne dun ehr de Bääwald drunne in de Sidpalz, do, wu gleivolle 's Elsass afange dut.

Schun die alde Römer, wu frieher bei uns geläbt hän, sin durch den Wald gezoche un hän sich gfercht, weil der hot gar kä Enn nemme welle. Dann hänn se awer doch e Stroß gebaut, mitte durch den Wald, vun Rheinzawre aus, ehrm Tabernae Rhenanae, wie se des Dörfel ghässe hänn.

Dief drinn im Wald, so hänn die Römer en Brunne gfunne un e Bächel mit me ganz bsunnre Wasser, mit me Wasser, des gholfe hot geche alle mechliche Wehwehlich. „Häälbach" häßt des Wasser heit noch un de „Gute Brunne", den kännt in de Sidpalz jedes Kind.

Alla hopp, kumme hald mol mit in die Bääwald naus! Am beschde isch's, mer gehn iwer die ald Römerstroß, bis zum Häälbach, am me Summerdach, wann d' Micke danzen un de Wind in de Blätter wischbert. Dann setzen mer uns unner en alde Bääm, unner e dicki, knorriche Ääch, lähnen uns an die rissich Rind un horchen blos noch uff de Wind un uff des Raschle vun de Blätter, un horchen un horchen…

Ja heert sich des dann nit grad so a, wie wann Kriech wer im Wald, wie wann e Kohort gepanzerte Römer uff dere alde Stroß marschiere det; wie wann uf ämol en Ries, mit Hoor, so gääl wie Wääzestroh hinner me Bääm vorspringe dut un mit seim klowiche Schwert uff so en dunkelhooriche Römer eischlache dut. Sachen mol, heer'n ehr dann nit die Kommandos im me fremde Kauderwelsch? Merken ehr dann nit, wie immer mähner vun denne blonde Riese ufftauchen un wie se uffenanner neischlachen, die Schwarze un die Blonde.

Ganz deitlich isch des doch zu heere un de Wind, der schbielt ach nimmie mit de Blätter. Nä, laut un zornich blost er durch 's Geäscht! Des knarrt un kracht, des rumpelt un zobbelt an denne Bääm. Voller Wut heilt er uff, de Wind! Die dickschte Stämm määnt mer mißten umfalle. Jo, de Westwind, der orchelt, wie wann er neifahre wellt wie e Dunnerwetter in des Gemetzel. Wie wann er ämme helfe wellt! Blos wäm? Dänne Dunkelhooriche oder dänne Blonde? Wann mer des ner wisse det.

Ruhicher werd 's wider im Geäscht. De Sturm orchelt nimmie in de Bäämkrone un die Blätter bischbern wider leiser un verzehlen uns, wie die Gschicht dann weitergange isch.

Immer mähner vun dänne blonde Riese sin domols in die Gechend um de Bääwald kumme un hänn sich mit dänne Römer rumgschlache. Die dunkelhooriche Sidlänner hänn sich jo ach zu wehre gewisst un hänn ehr Haut deier verkäfft, dann fortgewellt hänn se jo ach nit, nä, sie weren arch gärn gebliewe in dem Land am Bääwald mit däm gute Wunnerwasser.

Awer dann war die Sach doch entschiede. Noch ämol isch 's zu me Mordskrawall kumme im Bääwald draus. Un gewehrt hänn se sich, die dunkelhooriche Römer, gewehrt bis zum letschde Blutstropfe, awer g'holfe hott's en nix mäh, dann am Enn vun dere Schlacht hott kaum noch änner vun en geläbt. Awer ach vun dänne blonde Riese hot manch änner ins Gras beise misse, so daß ach des Wasser vum Häälbach hot nimmie hälfe kinne.

Jo, rot vun Blut sell domols des Wasser vum Häälbach gewäst sei un so rot wie Blut, so sähnt ach heit als noch 's Wasser draus im Bääwald aus, in denne viele Bäch un Gräwe. Un an dänne Gräwe im Bääwald, do bliehen in de erschde Summerdache ganz bsunnre Blume. Blume, mit Bliete, so gääl wie des Hoor vun dänne Riese domols, un mit Blätter, die grad so aussähne dun wie e großes Schwert. Schwertlilie, so häßen desweche ach die Blume. Un näwer dänne gääle Blume, do find mer en Busch, mit Blätter, so dunkelgriee, daß mer schun mäne kinnt, 's wer schwarz. Un die Blätter vun dem Busch, die sähnen aus wie d' Lorbeerblätter, wu die alte Römer als zu me Kranz gebunne un wu se ehre Afiehrer dann uff de Kopf gsetzt hänn. Stechlääb häßen die Leit am Bääwald denne Busch. Die gääle Blume verbliehn wider, awer des Stechlääb hot ach im Winter sei dunkli Farb un der Busch krallt sich in de Bodde nei, als wellt er sich festkralle fer immer, so wie domols die alde Römer.

Un mein Großvadder, wie der mol mit mer draus gsässe isch im Bääwald, am me Summerowend, unner ännre uralte Ääch, do hot er mer verzehlt, daß des Stechlääb un daß die Schwertlilie dort wachse dun seit sellre Zeit, wu die blonde Riese un die dunkelhooriche Sidlänner minanner g'hännelt hänn, wäm des Land am Bääwald g'heere sell.

De Großvadder hot domols ach noch gsacht, daß des Stechlääb des änziche wer, was um de Bääwald rum an die alde Römer erinnre det, ausser e paar alde Scherwe, wu mer als in Rheinzawre finne kennt. Awer des glääb ich em heit nimmie. Nä, du muscht blos mol so me Mädel vum Bääwald ganz dief in ehr Äche gucke, wäschd, so me Jockgremer odder Bichelbercher Kind, odder noch besser gleich ännre ächte Kannler Grott. Gewitter noch e mol, do merkscht gleich, daß ganz dief in dänne Äche was Dunkles flackert un brennt, un der Sache verschbrecht, wu der ganz bstimmt viel Spass machen. Un des dunkle, wu do flackert un brennt, des kummt, mään ich, ach vun dänne Sidlänner her. Awer des wer jo dann wider e ganz annri Gschicht, un die heert mer nit unner alde Äächebääm. Nä, do mißt mer druff horche, was in de Hecke gebischbert werd, odder im Heidekraut, un was de Hollerbusch zu verzähle wääß.

* Bääwaldgschichde = Bienwaldgeschichten

* *

*

Claus Jürgen Müller

Moi Wärdin

Ich hätt Verschdändnis dodevor
wann die blond Wärdin
aus moinere Schdammwärdschaft
fer Telefonliegereie
Geld nemme deet
„Grad ewe fortgange"
Äh Mark
„Ha, unnerwegs fer hääm!"
Zwä Mark
„Iwwerhaupt net do (Hie, hie!)"
Fünf Mark
„Wu isser'n hiegange?"
Zeh Mark

Owends am Hafe vun Schbeier

Die unnergehend' Sunn taucht de Himmel in äh Farwemeer. Ganz zarde Pinkfähncher newer dem Orangegemisch vor dere Kisse-Kuliss' vun Wölkcher. Kaum hot sich de Feierballe verschdeckelt, gehen ah schunn die Lämple ah(n). Viel Leit ziegt's nooch de Owenddämmerung noch zum lahm im Bett liegende Vadder Rhoi ans Ufer vum Hafe.

Schiff mit Turischde hänn ahgelegt. Ganz bunt schillert des Regeboge-Schbektrum vun dere Lämpel-Beleichdung uffm schwabbelnde Nass vum Hafewasser. De loh Summerwind treegt die Danzmusik aus'm Schiffsleib riwwer. Leit kicheren wie Gummihexe. Mir Zwä sitzen schdumm uff de Schdähdrepp, horchen uns des Glucksse un Gorgle, des Schmatze vun de Welle ah(n), die sich mit Schaamkrone an die Bordwänd schmeißen. Driwwe an de Schiffswerft vum Hebels Peter klirren die Fähnelcher im Takt. Nackisch un kahl schdrecken sich die Schiffsmaschd wie hilflose Zeigefinger nuff in de Himmel. Owwe uff de Rhoibrick huschen Audos mit Katzeaache wie glotzische Gliehwärmelcher vorbei. Mol riwwer, mol niwwer. Vun de Palz ins Badische, vum Badische in die Palz. Als. Als emol. Dann widder wennischer als vorher.

Schiffsmodore gorglen, Schrauwe wiehlen 's Wasser uff. Uff de „Basel" bellen zwä schdrubbische Hund'. Die Luft is voller Duft vun frischabgedengeldem Rhoidammgras. Äh paar Schdunn die Atmosphär' am Hafe in sich noisauge. Owends, wann sich de Daag schlofe legt. Mir Leit nemmens viel zu selte in uns uff. Eigentlich schad drum.

Bello mit Balle
(Äh hundsnormali Gschicht)

Schdrandperschbektive. Flachschdellung uffm Buckel, der wu in de Sand gedrickt werd. Dovorne schbielt de Bello. De Bello is noch klä. Ähn Winzling faschd. Äh goldisch Hundelche. Dapsisch mit schwere Pfode, braun des Fell un mit ähnere nasse Nas'. Du musch 'm blos peife, doim Bello mit soinere rosarote Zung. Schnell streckt Dir de Bello soi Pfeetche hie unn frät sich – halt wie ähn junge Hund.

Na, Bello, wie weer's mit'm Stickel Holz. Hä? Ich schmeiß de Briggel fort un Du bringschd'n dann zurick. De Bello winselt, als deet er mich verschdeh. De Bello schittelt de Kopp, daß soi Schlappohre wie Segeldiecher im Kläformat zu flattere ahfangen. De Bello nickt zuschdimmend. Mer mänt grad, der het's kabiert. De Bello wedelt mit'm Schwänzel. Ganz uffgeregt isser. De Bello guckt dreudoof, fiehlt sich iwwerhaupt net vergackeiert, wammer nur so duut als ob mer den Stecke fortschmeiße deet. De Bello wart, setzt sich in den Sand vum Baggerseestrand in ähnere vorderpälzische Gmä. De Bello schmeißt sich uff de Buckel un wälzt sich rum.

De Bello liebeigelt mit'm Balle, den wu die Buwe hänn liege losse. De Bello mänt, er kennt wie ähn Seehund mit dem Plastik-Ding schongliere. Die Buwe hänn des erwardungsfrohe Gsicht vum Bello gsehe. De Bello un de Balle. Was war des fer äh paar Minude fer äh Schbeckdakel, wie der klä Hund in de Balle beiße wollt un die Welle, die kläne, hänn den Balle immer äh Maulbrät vor sich hergschbielt. Bello mit Balle. Es sinn blos Momentuffnahme. Awwer sie kummen immer widder.

So isses

Ja, Ehr Leit
so isses
un net annerschd
De Wunsch
ist oft
de Vadder vum Gedanke
die Widerholung
die Mudder
vum Wisse

Uhgenießbar

Wann
ähner
iwerhaupt net
genieße kann
werd er
mit de Zeit
uhgenießbar

Leitbilder im Lewe

Die erschd Satzkonschdruktion vun ähm
Kläkind in de Palz:
„Moi Mamme hot gsat…"
Schdandardsätz' vun ähm Biewel:
im schulische Unnerricht:
„De Herr Lehrer hot gsat"
Äh Schduf heecher im
fortgschrittene Kinner-Dosei:
„Moi Freunde hänn gsaat"
Schbäder uff de Mannemer Uni:
„Un ich saag…"
Un schließlich im Alldagsdrott:
„Na, wer sagt dann soo ebbes!

Uffgeblose

Als Kinner
hämmer als
Säfeblose
in die Luft
schdeige losse

Mit de Zeit
in all denne Johre
bringt des Zeitalder
Blose mit sich

Des neegschde
Zeitalder loßt
uffgeblosene Bloose
äfach blatze

Beherrsch Dich

Wer duut schunn gern
soi Beherrschung
verliere?
Alla ehrlich gsaat
Ich verlier'se nie
nur manchemol
kann ich se
net finne

Schdembel

Leit
's gibt Leit
die schdembeln gern
Leit
's gibt Leit
die gehn schdemple

Ahziehend

A des derf net wohr soi
's is schunn komisch
wann sich Fraue
ausziehn
finnen des
die Männer
ahziehend

M. Waltrud Müller

„Du wärsch' doch Schbaß verdraache"

De Heiner hockt am Wärtshausdisch
un loßt schee Verdel nunner,
haut uf de Butz un gibt grouß oo,
un des is heit kee Wunner.

Er seschd: „Geldsorje haw isch net,
Ihr Leit, isch muß mich loowe,
mein Kies den fresse noch die Mais
uf meim Schbeischer drowwe!"

Em Seppl will's net in de Kopf,
der kann des net verschdehe:
am nächschde Daag – do seid-er blatt –
dud-er zum Heiner gehe.

„Du, Heiner", seschd-er, „liewer Mann,
isch bau mer grad e Haus,
Du bisch schdeereich, hosch souviel Geld,
jetz helf mer halt mool aus!

Es wär doch schad um s guude Geld,
wann's d Mais ball fresse däde,
isch legs guud oo beim Haislebau,
breechd dringend dei Monete!"

Em Heimer, der jetz nichdern is
hot's faschd die Schbrooch verschlaache:
er langt sisch an sei Härn un seschd:
„Du wärsch doch Schbaß verdraache!"

Kies = Geld
Mais = Mäuse
schdeereich = steinreich
breechd = bräuchte

Kinnermund

De Klaus kann nimma lache,
sitzt drauerisch am Disch,
dud wie en Schloßhund heile,
weil d Oma g'schdorwe is.

Sein Babba will-en dreeschde,
er nimmt de Buu ufs Knie,
wischt ab sei viele Drääne,
deit nuff zum Himmel hi(n).

Dei Oma is do drowwe,
ruht sisch beim Herrgott aus,
die guckt jetz zu uns runner
un sieht ihrn liewe Klaus.

„Mei, Babba", seschd de Kleene,
isch glaab, des kann die net,
sie hot ihr Brill vergesse
dort uff'm Fenschderbrett!"

Des haw isch aa gedenkt

Am Krankebett de Karle sitzt
bei seiner guude Bertel,
er hält-er d Hand un seschd halblaut:
„Red doch emool e Wertle."

Oh, liewer Karl, ii schbiers do drin,
isch glaab, s geht ball zu End,
nooch iwwer verzich Ehejohr
do werre mir gedrennt!

Isch geb der jetz en guude Root,
des seh isch heit erschd ei,
du musch halt widder heiere,
ällee kannsch du net sei!

Am beschde is, du nimmsch-der d Lies,
die hot mehr Blumme g'schenkt!"
Ihr'n Karl is ganz verdutzt un meent:
„Des haw isch aa gedenkt!"

ällee = allein

Geh unner d Leit

Du net grieble
in dei'm Schdieble,
du net gramme,
reiß dich zamme!
Mensch, geh halt raus,
aus deim Schneggehaus,
geh unner d Leit,
am beschde glei heit!

E Aaugeweid

'S is Winder worre iwwer Nacht,
verschneit is unser Welt;
vum Himmel kummt e weißi Bracht
Schneeflecklin u'gezählt.

Die Dächer häwwe Käpplin kriggt,
aa d'Beem sin nimma kahl:
im Wald un Feld en Deppich liggt,
der glitzert wie Krischdall!

Do schdehsch devor, als wie gebannt,
vorm Wunner Eis un Schnee,
meensch grad, du wärsch
im Märscheland,
d Eisblumme bliehe schee!

Un kannsch mool nimma aus'm Haus
in derre Johreszeit,
dann gucksch gedrooschd zum Fenschder naus,
siehsch s is e Aaugeweid!

Gerhard Ranssweiler

Hannes

Drossel sing, un Nachtigall,
Hoch uf de Guillotin!
Heit noch heeren eich das all.
Morje sin eich hin.

Dorevehl, hunn eich gedenkt,
Sein bloß Galjerawe...
Ehr hunn mehr das Lied gesche
Merçi fer die Gawe.

Drossel mach noor weirer so.
Nachtigall soll schweie!
Jo. Eich werren net mih froh
Un eich maan's keem zeie.

Singsch mer en das Herz eninn,
Negscht als wärsch gegeit.
Un do kimmt mer en de Sinn
Wald un Heck un Heid:

Julche hatt' die Gei gestrech
Met sei'm Fiedelboo.
Eich hatt' ees un ees hatt' mech
's anner wär geloo.

Un es war e gurer Klang,
Schmeechlerisch un derb.
Korz warsch. Doch e Lewe lang
Schneppebacher Kerb!

Morje gebt's e großes Fescht:
Geie, Drummle, Fleete...
Parre, dun die Hänn vum Wescl
Eich kann doch net bete.

Drossel singt. Un Nachtigall!
Eß nix dege'e se hunn?
Morje dut's e dumpe Fall
Un eich sin devunn.

Raiwer saner? Merder meener?
Korse, eich verstihn das net!
Ehr e Großer – eich e Kleener.
Wo eß do de Unnerschedt?–

85

Schlofliedche

Schlof in mei Herzebeppche.
Zum Stall zu gebt's e Treppche.
Do rangsen zwelef Freckelcher
Nackorschisch en de Eckelcher.
Die sein so zartche grad wie du.
Schlof aach un mach dei Äänchter zu.
Schlof in, schlof in, mei Bub.

Schlof in mei Herzebeppche.
Grad hasche jo dei Scheppche.
Du leisch do dren so mascht un saat;
Dei Vadder eß e Trainsoldat
Wo net veel hot un net veel weeß
Drum hosche aach kee Kinnerschees.
Schlof trotzdem fescht, mei Bub.

Kee bää(m)wollbiwer Käppche:
E Haibche merreme Schleppche,
Wie Seid so glanzisch, werd gebunn
Sowie'n eich wirrer Zahldaa hunn!
Aweil dut uns jo keens die Gunn;
Uf unser Geerscht scheint aach 'mo(l) Sunn!
Waart's norre ab, mei Bub.

Schlof in mei Herzebeppche.
E Schimmel un e Räppche,
Die zieh'n em Dräam dei Scheesi.
Ei heersche uf em Näsi
Du Schinnosje, du Galjestrick!
Glei(ch) schockele mer in's korze Glick.
Lunks dabbersche, mei Bub.

Schlof in mei Herzebeppche.
Behall dersch en deim Keppche:
Wer uf de liewe Gott verdraut
Un sech em Summer Kabbes klaut,
Der hot de Winder Sauerkraut.
Eich saa(n)s net deck un saa(n)s net laut;
Behall's fer dich, mei Bub.

Wie eß? Kee bissi miedche
Bei all den Verscht vum Liedche?
Loß noo met dodem quengele
Schunsch mischt eich dich jo dengele.
Sei noore still un hall' mer Ruh!
Negscht nuck'n eich ehbder in wie du.
Hall' Ruh! Do werd geschlof!!

Lebensabend

Wann d'älter werscht, hoscht nix meh zu erwarde.
Du merkscht's am beschte selbscht: die Luft is haus!
Du gruschtelscht noch e bissel in deim Garde,
Hackscht's U(n)kraut in de Päd un de Rabatte
Un machscht viel efters als devor e Paus. –

Wann d'älter werscht un bischt aa noch allee
Un hoscht kenn Mensch, wu midder redt un lacht,
Dann is es uf de Welt jo nimmi schee:
E jedes Salzkorn werd zum schwere Stee,
Selbscht wammer's dorch die Sunnebrill betracht.

Was bleibt der'n noch uf dei paar letschte Johre?
Du kannscht im Park rumdabbe un spaziere gehe.
Un uf re Bank denkscht an dei Bank un an Valore,
Wann's kenner sieht, duscht iwwerm Schnorres bohre...
Un dann gehscht weider. Un bleibscht efters emol stehe.

Du kannscht die Goldfisch fiddere, die Schwän, die Ente;
Wann's Dittsche leer is, trollsch dich widder heem.
Es fehlt der nix. Du hoscht e klori Rente:
's dät lange, daß a zwee noch lewe kennte...
Jetzt machsch der's vor em Fernseher bequem.

Du trinkscht e Gläsel, werkdaachs. Sunndaachs zwee!
Un spierscht beim ufstehe: werscht rack un steif.
Dann kräckscht un legsch dich uf dei Kanabee
Un stocherscht in de neie falsche Zäh
Un raachscht e Ziga odder aa e leischti Peif.

Im Winder is es schlimm. Die korze Daache
Wern ufgeschlutzt vun lange, dunkle Nächt.
Do heersch dei Herz. Un heersch die Standuhr schlaache.
Un kenner gibt der Antwort uf dei Fraache.
Du kannscht nit schloofe. Selbscht wann d'schloofe mächt.

Die Kinner sinn dahi(n) in alle Länner.
Wann d'älter werscht bischt iwwerall zu viel.
Vun denne nimmt dich sicher emol kenner.
Stehscht rum, wie so en alder Kleederstänner.
Hoscht ausgedient. Sell is e dabbisch G'fiehl.

Wann d'älter werscht, hoscht nix meh zu verbasse.
Un um dich rum sinn bloß noch dei vier Wänd.
Was d'sunscht noch gern hättscht, musch der mole lasse.
De Zuuch is dorch. Du kannscht's noch nit recht fasse:
Die Dänz sinn aus. Die Beere sinn geschält. –

Wie schnell die Zeit vergeht! Des derf's jo gar nit gewe:
Es Johr is rum, noch eh mer's recht betracht.
Des also is de Owend vun deim Lewe! –
E bissel Äsch bleibt vun verbrennte Reewe;
Un morge schun – e langi, langi Nacht.

Es Deckelbukett

Gell, kräckst die die Dande matt un schwach,
Ich hab eich all mei Sach vermacht.
Ich fihl, daß ich de Schlechte mach
Un weeß, daß kenner dankschee sacht.

Was ich am End vun eich gern hätt,
So groß als wie e Wacherad,
Wär: uf de Deckel e Bukett
Aus hunnerd rode Baccarat! –

Die Dande hot die Rose kriegt:
Knallrode, frische, scheene.
's war iwwertriwwe un verrickt;
Sie hot's jo nimmi g'sehne.

Es war e Pracht wie e Raket
Beim Feierwerksfinale…
En foine Hauch vun Luxus weht
Um selle, wu's bezahle.

Die Dande drunne drickt ken Schuh.
Die Erbschaft war nit groß.
En Veilchestrauß hätt's aa geduu,
Knorrt enner vun der Bloos.

Ilse Rohnacher

Na un?

Die Leit rede
un rede
es dete
immer wennischer
Kinner gebore werre
un prophezeie
daß die Palz
iwwer korz odder lang
vum Aussterwe
betroffe wär.
Sie meene awwer grad
die einheimische Kinner
die auslännische Kinner
hawwe se vergesse.
Die Türke, Grieche
un Italiener
un wie se sunscht
noch alle heeße
hawwe aa Kinner
un net zu wennisch
die mache de Ausfall
schnell widder wett.
Mir hawwe
genau soviel
Pälzer
wie frieher
bloß hawwe se
annere Name.
Na un?

Herbscht

Bevor ich
in de
Winderschloof
fall
fill
ich Koppekisse
mit Draim
aus Blädderraschle

Mengeleer

Millione Dode
sage eim nix

dausend Dode
sage eim net viel meener

hunnerd Dode
mache eim stutzisch

een eenzelner Dode
trifft eim ins Herz

mer kennts
selwer
sei

Ich bin gern do

Ich bin gern do wo ich bin
awwer net so gern
an Samschdage
samschdags
sin Fenschder Spiggel
un Beddlerbsuche
Gschenke
en Kande Brot
gibt e gudes Gewisse
en Keidel Hefezopp
noch bessere Aussichte

Ich bin gern do wo ich bin
awwer gar net gern
an Sunndage
sunndags
noochem Laite
werd de Stadtwald en Dschungel
Raubridder wolle ihr Sporn verdiene
Zwerge nemme Reißaus
un e Kleebladd hot Glick
wanns ungschore davunkummt
bei de Sunndagssafari

Ich bin gern do wo ich bin
awwer ungern
an Mundage
mundags
is Großwaschdag
alles was kee Bee hot
werd in Waschlaug gedunkt
geriwwelt gezwiwwelt
un öffentlich ausghängt
Lidderlichkeit
hots schwer bei de Leit

Ich bin gern do wo ich bin
gern
an Dienschdage
dienschdags
is zwische Rothaus un Brunnestock Markt
fer fuffzisch Penning meener
niemols wennischer gebts viel
Wasser plätschert
un wann niemand guckt
strippst sich e Päärle
e Grumbeerle in Herzform

Ich bin gern do wo ich bin
am allerliebschde
middwochs
am Middwoch
in de Midd vun de Woch
is middags Ruh
un die Strooß gheert de Kinner
Himmel un Hell sin nah beinanner
unzertrennlich wie Gschwischder
Glasglicker doppse vum Bordstee
middenei ins Paradies

Ich bin gern do wo ich bin
arg gern
an Dunnerschdage
dunnerschdags
hocke wie alle Dag
die Fremde mit de Koppdicher
bei de Kerchedrepp uffem Schnäpperle
sie stricke un mache Verzählchers
un ab un zu lache se
ihr Wollknail sin wie Wollknail sin
rund

Ich bin gern do wo ich bin
bsunners gern
an Freidage
freidags
vorm Standesamt
strahle Brautleit fers Album
balge sich Dauwe
bei jedem Wedder
um e Reiskorn
bis alle Krepp voll sin
dauerts

Ich bin gern do wo ich bin
alsemol

Dann

Vergiftsch
die Quell
wo schöppsch

Verpeschtsch
die Luft
wo schnaufsch

Verdirbsch
die Saat
wo sääsch

Verbrennsch
die Hütt
wo hausch

Dann
hasch
ausgsorgt

Friehling

De Neckar
glitzert
in de
Morgesunn
de Westwind
spielt
mit
dem Gefunkel

Gerd Runck

E Summernaacht uff'm Doorf

De Daach esch mied, gunnt sich e Paus';
d'Naacht hot se'm a'geborre.
E Liecht geht a' – un wirrer aus.
E Kaizel kreischt. E Flerrermaus
esch uff de Jachd nooch Morre.

Kä Amsel heerscht mäh un känn Schbatz.
De Maller, der alt Gauner,
turnt uff'm Dachfirscht mit de Katz'
e Weilche rum. Dann: E Gejazz,
Gejämmer un Gejauner.

E Deerle quietscht un irchendwu
im Doorf, do jault en Keerer.
„Kumm, Schätzel, lääf nit glei devu –
ich richel ach vun inne zu,
's sinn blouß noch e paar Meerer!"

De Vollmond huckt im Kirschebääm.
De Wend geicht leis' durch d'Blärrer.
Du streichscht wieh'r glatt dein Kläärersääm.
Vun weirem dimmelt's. Zeit far hääm.
Ich glääb, 's gitt anner Wärrer…

Maller = Kater

Ich häbb dich gäärn

Ich häbb dich gäärn, Lisbethel!

Kann dar gar nit saache,
wie gäärn daß ich dich häbb.
Ich häbb dich sou gäärn,
wie ma' numme änns gäärn hann kann –
un noch veel gäärner!

Gell, du hoscht mich ach gäärn?

…Du saachscht jo garnixel dodruff –
hoscht du mich dann nit gäärn??

Kannscht mar's ruich saache, Lisbethel,
wann d' mich nit gäärn hoscht,
orrer hoscht velleicht Angscht,
du duhscht mar weh,

wann d' mar saachscht,
daß d' mich nit gäärn hoscht?

...Gäbbscht mar do
ach kä Antwort druff, Lisbethel?

Dann wääß ich,
daß d' mich nit gäärn hoscht,
uff gar känn Fall sou gäärn
wie ich dich;
un ich muß mich domit abfinne.

Wann d' mich halt nit gäärn hoscht –
wääscht waß, Lisbethel? –
a, dann kannscht mich grad
gäärn hann!

Kumm bei de Nacht

– Frei nooch ämme norddeitsche Volkslied aus
em A'fang vum 19. Johrhunnert –

Daß du mein Liebschter bescht –
wääscht du däß nit?
Häbb dar doch gsaacht:
Kumm bei de Naacht,
wann d' mich noch witt!

Wann bei uns 's Liecht ausgeht,
zähilscht bis uff drei;
dann zu däär Zeit,
do werr' mei Leit
ei' gschloofe sei'!

Schleich' awwer strimpich dich
d'Schdääch zu mar ruff!
Bleib' in de Mitt':
Änn falscher Tritt –
schun weckscht se uff!

Ich mach' mei Schdowwedeer
nit ganz in d'Schlengk.
Wääscht ach warum?
Weil ich rundum
blouß an dich denk'!

Brauchscht gar kä Angscht se hann,
wißt nit, vor wämm!

Zudämm, mei Leit,
die hänn bis heit
gscholte bei kämm!

Abrischtung

„Wann du
dein Stää fortschmeischt,
loß ich ach
mein Stock falle..."

„Loß doch du
's erscht dein Stock falle,
dann schmeiß ich
ach mein Stää fort..."

„Däß kinnt deer sou basse:
Wann ich mein Stock
falle geloßt häbb,
schmeischt du mar
dein Stää an de Kopp!"

„Un wann ich mein Stää
fortgschmesse häbb,
gehscht du mit deim Stock
uff mich lous!"

…Buuwe war'n se noch –
domols,
wie se als riwwer un niwwer
dischpediert hänn,
awwer känner de A'fang
mache hot welle.

Inzwische sinn se
alt un groo,
hänn immer noch de Stää
un de Stock in de Händ,
un rerren noch genausou hi' un her
wie domols.

Uff den Gedanke,
gleichzeirich
de Stää fortseschmeiße
un de Stock falleselosse,
sinn se bis heit
no' nit kumme…

…orrer doch?

Dort drunne im Daal

– Frei nooch ämme alte Volkslied aus em Schwoowelännel –

Dort drunne im Daal
lääft 's Wasser sou trieb,
die Bääm sinn fascht kahl,
awwer ich hääb dich lieb!

Ach du reddscht wie ich
vun Lieb' un vun Trei;
dääß gääbt mar en Stich
in mei' Herz mittenei!

Un schweerscht ach en Eid
bei Gott un de Welt,
ich wääß längscht schun Bscheid:
deer geht's blouß um mei' Geld!

Daß du halt känns hoscht,
do kannscht nix defor,
doch waß du mich koscht,
esch schun ball nimmi wohr!

Dort drunne im Daal
lääft 's Wasser sou trieb,
die Bääm sinn fascht kahl
un ich peif uff dei Lieb'!

Alles klar

Riwwer un niwwer,
drunner un driwwer,
uff un ab,
ruff un nab,
äämol Ruuch un äämol Hetz! –
's Lääwe bsteht aus Gechesätz.

Auße un inne,
vorne un hinne,
ei' un aus,
rei' un naus,
äämol hi' un äämol her –
's ganze Lääwe lääft kunträr.

Owwe un unne,
drowwe un drunne,
haus un drinn,
dick un dinn,
äämol wäänich, äämol veel –
's Lääwe esch e Wechselspeel.

Heile un lache,
schloofe un wache,
liche un stäih,
kumme un gäih,
äämol hott un äämol har –
dääß esch 's Lääwe. – Alles klar?

In meim Gaarte steht e Haisel

In meim Gaarte steht e Haisel,
in dem Haisel steht en Schank.
Uff dem Schank, do huckt e Maisel,
vor dem Haisel steht e Bank.
Un de Wind singt vor sich hi'
leicht un leis' sei Melodie…

Uff der Bank, do schlooft e Kätzel,
vor der Bank, do steht en Disch.
Vun dem Disch, do fliecht e Spätzel
mi'me Brousam' ins Gebisch.
Un de Wind…

Im Gebisch, do esch e Neschtel,
in dem Neschtel licht e Ei.
Owwerunner – vu'me Äschtel –
fallt e Blatt ins Neschtel nei.
Un de Wind...

Aus dem Neschtel fliecht däß Spätzel
wirrer riwwer vum Gebisch.
Uff de Bank werd wach däß Kätzel,
fangt däß Spätzel uff em Disch.
Un de Wind...

Durch e Fenschter vu'meim Haisel
hot's mei' Schätzel gsähne ghatt:
Kätzel, Spätzel, Neschtel, Maisel –
alles steht jetzt uff meim Blatt!
Un de Wind singt vor sich hi'
leicht un leis' sei Melodie...

* *

*

Brigitte Rothmaier

Hausfrauen-Schicksal

Frieh åm achte sin sie gånge –
Leit, wie sieht die Wohnung aus!
Wånn d do rumgucksch, kennt da's långe,
so en Saustall is dei Haus!

Friehschdicksgschärr, gebrauchte Kleeda,
leere Schachtle, alde Schuh,
eilich hots jo morjens jeda,
du rohmsch uf, hosch Zeit dazu!

Wånnd dånn fertich bisch, is's elfe,
un du machsch dich in die Kich.
Bisch allää, s kånn käna helfe,
un es muß was uf de Disch!

Esse fertich, Poscht is aa hin,
jedes Ding liegt ån sei'm Platz. –
Wånn se fimf Minute do sin,
dånn war alles – fer die Katz!

Fortschritt

Die Großmudda, wu als frieher ihre Enkelin
Märlin vazählt hot,
sie is fortgånge.

Der alde Dokda, wu ån ihrm Bett
uf de Dod gewaart hot,
er ist fortgånge.

Der groß Nußboom, wu mitte im Hof
Schadde gewwe hot, fer de Feierowend,
er is fort, sie hawwe de Platz gebraucht...

Alleweil hawwe mir
Märchekassette, Krånkehaiser
und e Freizeitå(n)lag...

Des is da Fortschritt...

Urlaub

Die Autobåhn is voll, Du kånnsch net fahre,
wie d willsch.
Da Kämping-Blatz is voll. Du kånnsch zelde,
wu d' willsch!
Da Badeschdrånd is voll. Du kånnsch net schwimme,
wånn d' willsch.
Da Häämweg is weit, Du kånnsch net bleiwe,
solång d' willsch.
Wer hot dånn des ufgebrocht,
daß ma sich im Urlaub erhole kånn?

Dahääm sei

Wånn ich weit fort bin
vun dahääm,
wånn alles fremm is –
die Gejend, die Leit, da Himmel,
dånn redd ich
mit ma selwa
in meiner Mudderschbrooch.

Un uf äämol
kånn ich alles Fremme
leichda aushalde...

Uffm Friedhof

Sie schdeht am Grab vun ihrm Månn:
Weiße Hoor,
abgschaffte Händ,
awwer sie lächelt...

Ob sie mit'm vazählt?!

Die Schdobba

In Schwetzinge in da Mihlgass hot als
frieha e alts Gschwistapaar gewuhnt:
Rechte Leit, schaffich
un åschdännisch, bloß ware sie halt e
bissl arrig klää. Deshalb hawwe sie
den U-Name „die Schdobba" ghatt. Wie ma
sich denke kånn, hawwe sie des zwar
gewisst, awwer jo net heere dirfe,
sunsch sin sie wiedich worre – wie
des halt so is: Iwwer ånnere Leit
lacht ma liewer wie iwwer sich
selwa...

Äämol sin die zwee ån da Pingschde
sunndagsmiddags nochm Esse uf da
Hausschdaffl ghockt; s war en
schääna, sunnicha Daag, un die Leit
sin mit de neie Kleeda schbaziere
gånge. Do sin aa die zwee
Nochbarsbuwe vorbeikumme, da Filb un
da Schorsch. So fuffzeh, sechzeh Johr
ware sie alt, midde in de beschde
Fleggljohre, un jeda hot e diggi
Siggar zwische de Finga vaschdeggelt;
s hots niemand merke solle, daß sie
schun raache. Awwer die zwee alde
Leitle uff da Schdaffl hawwe fer
sowas nadierlich e Nas ghatt. „Habda
aa die Hosse zugebunne?", hot da alt
Månn gfroogt un mit de Aare
geblinzelt. „Nää", hot ääna vun denne
Lausbuwe gekrische, „ma hawwe en
Schdobba neigschdobbt!"
Awwa dånn hawwe sie doch
vorsichtshalwa ziemlich schnell
Fersegeld gewwe – ma kånn jo nie
wisse...

Im Schwetzinger Schloßgaarde

Aus'm dungle Durchlaßdoor
kummsch ins Weide, Schdrahlendhelle.
Siehsch de Zirkl, un davor
Fliederbisch un blånke Quelle.
Marmorbuwe gewwe acht,
daß des Wasser Beeje macht.

Arion im runde Begge
läßt sich vun de Puttos necke,
alde Bääm schdehn ernschd un schdumm –
Sunneflegge dånze rum.
Gehsch de Schaddeweg entlång,
lockt en griener Lauwegång.

Galathee schdeigt aus em Feichte,
un ihr nackte Glieder leichte...

Walddeifl schbielt uff da Fleet:
Sånfte Teen, vum Wind vaweht...

Ziejebock mit krumme Bää
schdeht im Schadde, net allää:
Bachuskinner hogge druff
un drumrum, un grawwle nuff!

Vogglbad un Liegebrick
zum Apollo guckscht zurick,
Ente puddle im Kanal. –

Glånz vun anno dazumal
liegt uf Templ un Ruine.
Vogglfedda schwebt im Griene,
schdille Bänk schdehn do un warte…

S Paradies is unsa Gaarde!

Summer-Reije

S Nasse trebbelt åm Hollunner
un åm Fliederbuschwerk nunner,
Blädder glänze satt im Licht.
Sunnestrahl linzt aus em Graue
schichtern: „Kånn ma sich getraue?"
Blinkt der Åmsel grad ins Gsicht.

Blånke Aare, geeler Schnawwl
hockt sie in da Kerschbååmgawwl,
jubiliert aus voller Kehl.
Heersch se sunneseelich schluchze?
S klingt, wie kläåne Kinner juchze:
Gotteslob mit Leib un Seel!

Krånk sei

Beim Nochba leeft a Maschin,
wie sunscht.
S Millauto kummt åm halwa zehne,
wie sunscht.
Die Kinna, wo in die Schul gehne,
rufe enånna,
wie sunscht.

Awwer du?
Du liegsch in deim Bett,
gånz ruhich –
du schnaufsch vorsichtig,
sunsch duts vielleicht weh…
Du bisch weit weg,
du gheersch heit net dazu…

Zivilkurasch

Redde is Silwer, Schweije is Gold;
awwer ruhich sei, wånn ma redde mißt,
des is Blech!

Walter Sauer

„Wellis"

S gibt Ausdrick, die bloß in bstimmde Familie gebraucht werre, un die sunscht käner so rischdisch versteht. Irgendwie hawwe se sisch oigebirgert un werre vun de Familiemitglieder aa nooch Johrzehnde noch gebraucht. Manschmol sins Werder, die die Großmudder odder de Großvadder aus ere annere Gegend mitgebrocht hot, odder ebbes was e Kind bei de erschde Versuche halt emol so gsagt hot, odder luschdische Versprecher, mit dene die Kinner sisch unnernanner ghänslt hawwe. Oft läßt sich dann gar nimmehr feschtstelle, wo so e Wort herkummt, warum s so heeßt un wanns s erschde Mol gebraucht worre is.

Bei uns heeße zum Beispiel die Pralinee seit iwwer verzisch Johr bloß „Wellis". Aa heit noch, obwohl mir fünf Gschwister in ganz Deitschland verstreit sin. Awwer jeder vun uns kann sisch noch gut draa erinnere, wies zu dere Bezeischnung kumme is.

S muß korz nooch em Krieg gewese soi. Mir hawwe domols noch in Walldorf gewohnt, in de Windergass, weil die Verwaldung vun der Firma, wo moin Vadder gschafft hot, die MWM, während em Krieg dorthie verlegt war. Un die ganz Familie is 1943 aa vun Mannem nooch Walldorf evakuiert worre, damit mir Kinner die ferschderlische Bombeaagriff iwwerstehe deede. Dort hawwe mer dann die letschde Kriegsjohr iwwer gewohnt. Wie dann de Krieg aus war, war isch grad erscht 3 Johr alt, un moi Erinnerunge an die Zeit sin zimlisch verschwumme. Awwer des weeß isch noch: daß es uns trotz de Unnerstitzung vun e paar liewe Gemoinschaftsleit, die uns viel Gudes gedaa hawwe, in Walldorf net grad rosisch gange is; un daß moin Vadder als mit eme alde Fahrrad hinnere ins Kraischgau zum Hamschdern gfahre is, um bei de Bauern zu fuggern, daß mer ebbes zum Esse ghabt hawwe.

Ämol hot unser Vadder ebbes ganz Bsunneres mit häm gebrocht. Isch seh uns Kinner, de Karle, die Lissabeth, die Doris un misch (die

Ruth war domols noch net gebore), heit noch um die Eldern rumstehe, wie se ausgepackt hawwe. Do war was debei, was isch noch nie gsehe ghabt hab. E flachi Schachdel mit eme Deggel druf, un wie de Vadder die ufgemacht hot, hawwe do newe-, iwwer- un unnernanner, in Reih un Glied, lauder kläne runde, ovale odder viereggische Schokladgutsel gelege, mansche oigepackt odder owwedruf verziert, äns schäner un verloggender wies annere. Un dann hot mer die Mudder, als dem Klänschde vun uns – „Biewel" hawwisch domols gheeße – die Schachdel vor die Nas ghalde un hot gsagt: „Du derfscht der äns nemme". Irgendwie muß misch des schoints iwwerfordert hawwe. Moi Aage sin immer greeßer worre, awwer moi Händ hawwisch net zu dere Schachdel hie gebrocht, um äni vun dene Pralinee rauszunemme. Isch hab bloß wie verstänert dogstanne un gstoddert: „Ja, we-, we-, wellis? wellis?" Bis mer moi Mudder selwer äns ins Mailsche gsteckt hot.

Seit domols heeße die Pralinee bei uns „Wellis". Un isch glaab, s hot käner vun uns vergesse, was es domols gheeße hot, aus dem vellisch uugewohnde Aagebot vun Leggerbisse auswähle zu derfe. Ehrlisch: Manschmol geht mers aa heit vor de volle Regale im Subermarkt noch so.

Iwwers Grab naus

Die Anna unnerwegs
nuf uf de Kerschhof
mit de Kann
ihrn Jean gieße
daß die Geranie net welke
un die Vergeßmersbloßnet

Was dätn aa die Leit sage!

Die hawwe lang genuch gschwetzt
wie er noch gelebt hot
sie hätt was mit em Fritz
ihrm Schulkamerad
bevor der hot gehe misse
gut verstanne hawwe se sisch

Was die Leit gschwetzt hawwe!

Jetzt ligge se newerenanner
ihr Jean un de Fritz
ää Kann zwee Kanne
vun de letscht kriggt de Fritz
aa noch e paar Lidder ab
des wär jo noch schäner

Egal was die Leit sage!

„Komm, Herr Jesus…"

Die Supp hot uf em Disch gstanne, un mer hawwe all doghockt, um zu Middag zu esse. Jeder hot die Händ gfalt ghabt, un mer wollde grad aafange zu bede: „Komm, Herr Jesus, sei unser Gast", do klingelts Telefon. Unser Kläni springt uf, rennt zum Telefon, nimmt de Heerer ab un meldt sisch mit: „Komm, Herr Jesus". Zuerscht war ‚Funkstille' am annere End vun de Leidung. Dann hots schallend gelacht, un jemand aus de Nachbarschaft, der unser Dochder an de Stimm erkannt hot, hot schlagferdisch gsagt: „Ja, schun rescht, awwer vorher wollt isch ganz gern noch mit doim Vadder redde." Mer hawwe halt doch e frommi Dochder.

Abgeblitzt!

Ach deetscht mer net,
moin liewer Freund,
her, kännscht mer net was bumbe?
Ach sei so gut,
du kennscht misch doch,
ach loß disch doch net lumbe!

Isch denk net dra!
Es dut mer leed!
Vun wege! Peifedeggel!
Isch geb der nix!
S kummt net in Frog!
Loß misch in Ruh, du Seggel!

Isch zahls zurick so schnell isch kann,
S is bstimmt aa s letschde Mol!

Jetzt langt mers awwer, liewer Mann!
Weescht was? Du kannscht misch mol!

Peter Schraß

Fer dich brauch ich doch nix zu zwinge

Ich war in de Stadt,
un vor hab ich g'hatt',
deer was zum Geburtsdaach zu kaafe.

Wie des als so geht,
's war absolut bleed,
mit dem Ziel dorch die Stroße zu laafe.

Was war ich am Denke,
deer ebbes zu schenke,
was paßt fer dich, un net so deier.

Klimbim alles, modisch.
Vielleicht des? Quatsch, idiotisch!
Vergesses, ach hol's doch de Geier!

Ich mach mer en Schorle.
Des kummt alsmol vor, le'
mei Fieß hoch un merk, daß des gut is!

Saubleed, rumzulaafe,
zu renne, zu kaafe!
Bloß, daß e G'schenk in de Dutt is!

So denk ich an Dich.
Un bin mer ganz sich –
er, fer Dich brauch ich doch nix zu zwinge.

E Weilche verweile,
dann hen sich paar Zeile
gezaubert, die tu ich der bringe.

Die Fraa mit de rote Dasch

E roti Dasch leicht in de Hand
kummt se doher wie geschdern.
Jetzt bleibt se steh', sucht sich am Rand
en Platz, wo ehr gefallt, im Sand,
de selwe Platz wie geschdern.

Wääß net warum, doch bin ich froh,
genau so froh wie geschdern.
Traacht uff de Haut dünn e Trikoo,
e Farb wie Persching, oder so,
genau so dünn wie geschdern.

Weil e Trikoo am Strand im Grund
is Iwwerfluß, wie geschdern,
streift s' es die Schulder runner, und
rollt raus, was schää is, wääch un rund,
genau so schää wie geschdern.

Zwää Tücher aus de rote Dasch
entfalten sich wie geschdern,
Ehr brauni Hand streicht mild un rasch
sich in die Haut was aus de Flasch,
de selwe Flasch wie geschdern.

Waagrecht sich jetzt de Sunn zudreh'
e zeitlang, so wie geschdern,
zum Abkiehle em Meer entge';
ehr G'sicht e bissle näher seh',
e bissle mää wie geschdern!

Ins kalte Wasser zügich steiche,
kaum wärmer als wie geschdern,
mit Ärm un Schenkel Welle streiche,
(do missen Weibsleit immer kreische!)
gelasse, so wie geschdern.

E nasser Rickzug aus em Meer.
Sie geht vorbei wie geschdern.,
Is des e Lächle? Guckt se her?
Des is aa heit genauso schwer
zu saache, so wie geschdern.

Salzwasserperle schittle vun
de Gänsehaut, wie geschdern.
Ehr Gänsehaut! Ach, weer ich Sunn!
Was deet ich trickle, Stunn um Stunn!
Es bleibt en Traam, wie geschdern.

En Traam is schnell verbrennt wie Stroh,
oder wie Schnee vun geschdern.
Sie hot schun widder ins Trikoo
gerollt, was schää is, rund un so,
un geht de Weg vun geschdern.

Uff Hawaii

…en tiefe Schnaufer.
„Was schnaufschden so?"
„Ach, wääscht, mer isses ewe grad so, wie wann ich uff Hawaii kumme weer." „Uff Hawaii?" „Ja, uff Hawaii."
„Uff Hawaii, wie määnschden des?"
„Uff Hawaii, wääscht, des is so e G'fiehl wie aus de Kinnerzeite, wo mer als immer vun Hawaii geträämt hot. Vun dort, wo de Fremdling mit Auslegerboote, mit Lache un mit Blume um de Hals rum empfange werd, wo er an e üppichi Tafel g'fiehrt un mit sämtliche Köschdlichkeite vum Land g'speist werd, un wo em die alde G'schichte aus de Berge verzehlt wern aus de Zeit vor de Eroberung, un wo mer sich die schänschde Mädle als Begleiterinne aussuche derf, so viel mer will…"
„Awwer des hoscht doch als bloß alles geträämt!"
„Ajo, mer saacht heit, des hot mer alles bloß geträämt. Awwer mer hot doch als gemäänt, daß mer amme schääne Daach mol ganz bestimmt uff Hawaii kumme deet, un mer hot sich dodebei all die schääne Sache vorg'stellt. Un wie mer dann immer älter worre is un alles ganz annerscht worre is wie uff Hawaii, dann hot mer irgendwann mol uffgewwe zu glaawe, daß mer mol uff Hawaii kumme kennt, un dann war's aach bal vorbei m'em Trääme."
„Un jetzt bischt uff Hawaii?"
„Ja, jetzt bin ich uff Hawaii."
„Hmm – awwer saach emol, was machscht dann jetzt so komisch an deim Arm do rum?"
„So komisch an meim Arm? Ach ja, des is, wammer dann nooch so viel Johre uff äämol uff Hawaii geland is, daß mer's dann zuerscht gar net glaawe kann. Do muß mer als erschtes mol ganz tief dorchschnaufe un sich vielleicht aach ganz weit sericklehne un fescht in de Arm petze."
„Hmm, des versteh ich. – Un wääscht was? Wammer äämol uff Hawaii geland is, derf mer immer bleiwe!"

„Ja, des derf mer. – Awwer ääns derf mer net!"
„Ääns derf mer net?"
„Nää, ääns derf mer net. Mer derf vun allem nemme un hawwe so viel wie mer will, un sogar ohne zu frooche…"
„Awwer was derf mer net?"
„Mer derf nix behalte wolle! Bunkere derf mer net. Nää, des derf mer net. Dann geht Hawaii kaputt."

Walderdbeere

Am Rand vum Waldweg newe hot
e Erdbeer g'stanne, reif un rot.

Hab mich gbickt, e Weil betracht,
un paar Gedanke drum gemacht,

dann langsam mit de Zung verdrickt,
mol „hmmm" gemacht un nunnerg'schlickt.

Hab, wie ich weiter wollt, dann g'sähne,
dasses noch mää gebt, dicke, schääne.

Hab jedi in de Mund mer g'steckt.
Sie hen mer ausgezeichend g'schmeckt.

*   *

Marcel Schuschu

E stilli Lieb!

Drunne im Miehlwal(d),
Wu de Keschtebääm steht,
Sitzen uf äm Bänkel,
De Hans un die Gret.

D'Sunn schmeißt schun mied,
Ehr Licht uf de Wal(d)
Un laut aus de Hecke,
Do singt d'Nachtigall.

So sitzen se seelich
Die Zwä, Hand in Hand.
Ehr Fieß molen stännisch,
Herzle in de Sand.

Käns sächt e Wörtel,
So sitzen se do,
Bloß halt ehr Herzle,
Die kloppen halt so.

E Grillche wu geicht –
Des kammer noch höre –
Doch sunscht dhut kä Laut
Die Seelichkeit störe.

Mit blutrote Backe,
Schluppt d'Sunn in ehr Nescht
Un de Wind singt e Schloflied
De Sunn – in de Äscht.

'S ward duschter un duschter,
E Glicksdag vergeht,
Sie sitzen noch lang,
De Hans un die Gret.

Erscht wann die Starne,
Funklen dorch d'Bääm,
Gähn feschtumschlunge,
Zwä Glickliche hääm!

E Kerwelied!

Heisa, hopsa, kumm mei Mädel,
Horsch! – die Reitschul geht schun rum
Schlupp schnell in dei Kerweklädel,
D'Musik spielt schun – Dideldum.

Heisa, hopsa, guck de Seppel,
Dreht sich nooch de Mädle um,
Streicht sei Hoor un zuppt am Jeppel,
D'Musik spielt schun – Dideldum.

Heisa, hopsa, Blumestraißle,
Schießen d'Borscht de Mädle um,
Kinner springen aus de Haisle,
D'Musik die spielt – Dideldum.

Heisa, hopsa – horsch im „Löwe",
Herrscht e großes, dumpf Gebrumm,
Froh dhut mer e Schoppe hewe,
D'Musik spielt als – Dideldum.

Heisa, hopsa – Buwe, Mädle,
Drehn sich schnell im Kräs erum,
Hei! wie fliechen Zöpp un Klädle,
D'Musik schpielt als – Dideldum.

Heisa, hopsa, heit isch Kerwe,
Bis zum Dienstdag, dann isch rum,
Brotwerscht gäbts un Weck, ganz märwe,
D'Musik spielt als – Dideldum.

Heisa, hopsa – dort im Gärtel,
Sitzt e aldes Päärle stumm,
Er raacht sei Peifel, streicht sei Bärtel,
Sie summt leise – Dideldum!

Marktfrää

In Mannem ufem Marktplatz dort,
Steht d'Schifferstädter Frenz.
Die fiehrt heit widder's große Wort,
Hot e Maulwerk wie e Sens.

Sie hot ehrn Stand, im linke Eck
Vum Markplatz, an de Stroß,
Sie raumt noch schnell die Kischte weg,
Dann lecht'se awwer los–

Gohleraawe, Schnittlaach, Bohne,
Zwiwwle, Erbse, Kobbsalat,
Rose, Nelke, Kaiserkrone,
Gäleriewe un Spinat.

Frankethäler Lähmkrumbeere,
Mehlich un nit deier heit,
– die paar Kläne dhun'se störe?
Ja, es war halt Rechezeit.

Zwä Pund Äbbel? – momentsche bitte –
Schorsch! – bring mol die Äbbel her,
Sodele – wie isch's mit Quitte?
Achtzich Penning – danke sehr –

Rettisch, Schifferstädter Riese –
De Busche sechzich Penning bloß,
Schäne Gwetsche, zuckersieße,
Uhne Werm un ach schä groß.

Hobb ehr Leit, dhun Gwetsche kaafe,
Noht ward's hell in eierer Stubb,
Servier deim Alte, – dem Gute, Brave –
Gwetschekuche mit Krumbeersupp.

Frische Gurke, kurze, dicke,
Zwä Stick koschten bloß än Mark.
Dezu än gspickter Hammelricke,
Dann hoschte Kraft un bleibschte stark.

Jesses häb dr ich än Dorscht –
Fascht schun zwä Stunn geht mei Maul,
Jawohl – die Zwiwwle sin vun Loscht,
Guti War un käni faul.

Große Äbbel – kläne Preise –
E bsondri Sort – die hotts Geriß –
Frisch un saftisch, grad zum beiße,
Wie sellemol im Baradies.

D'letschte Parsching, kaafen schnell –
Tomate – Leit des isch än Staat,
Kaaft bei de Frenz – die beschte Quell,
Fer zarter, großer Kobbsalat.

Vierzisch Penning koscht do's Köppel,
Ich pack's Ihne schnell noch ei –
Wie isch's mit Bohne? un mit Äbbel?
Leider häb ich halt kän Wei.

Was dhut mr sich doch eschoofiere,
Daß mr schier noch Blut als schwitzt,
Leit – ich kann eich garantiere,
Eigebau un nix isch gspritzt.

So steht die Frenz un macht ehr Sprich
Un wusselt hie un her
Un wann de Markt verloffe isch
Sin all ehr Kischte leer!

E kläNes Wunner!

Sunnegäl un ach so klä,
Zwische grobbe Plaschterstä,
Strahlt e Bliemel vor sich na,
E winzisch Plänzel „Löwezah".

Ich frooch mich als, wie kann des sei?
De ganz Verkehr saust dra vorbei
Un kän Mensch wu do dra denkt
Un dem Plänzel Wasser schenkt.

Doch des Bliemel, klä un grie,
Dräämt uf de Stroß grad vor sich hie,
Un macht stännisch druf un druf,
Sei Sunnestrahlebliehte uf.

Paar Dag denoch häb ich entdeckt,
Des Plänzel hot sei Licht ufgsteckt,
Als wollt's zeiche, daß jeder dann,
Ach sei Bliemel sähne kann.

Doch nit lang, de Verkehr dort drauß,
Bloost'm schnell sei Lichtel aus –
Doch Dag fer Dag un Woch fer Woch,
Des Plänzel, des steht immer noch.

Isch des nit grad wie e Wunner?
De Verkehr sausst ruf un runner
Un zwische drin „de Löwezah"
Wachst un blieht still vor sich na.

Bei dem Geschehniß fallt mer's ei,
Kinnt's nit so bei de Mensche sei?
Trotz Renne, Hetze, Rase, Jache –
Läb still, besinnlich doch dei Dage
Un nemm dir doch e Beispiel dra –
An dem kläne „Löwezah"!

Hans-Peter Schwöbel

Am meischde lern isch vunn de Leid

Als Kabarettist werr isch oft gfroochd, Herr Schwöbel, wie kumme Sen immer uff die Ideeä. Unn dann muß isch se immer entteische unn saache, daß des gar nedd moi Ideeä sinn. S'meischde lern isch immer vunn de Leid; wann isch mit de Stroßebahn fahr odder mim Zug – odder vunn moine Nochbarn.

Awwer nedd, daß Se denge isch häng doo mim Hehr-Rohr an de Wand. Nix, isch hab Nochbarn, des sinn heeflische Leid, die schwetze laut unn deidlisch. Do sachd letschin ään Nochbar zum annere: „Hehr", sachd er, „Hehr, wann isch in Urlaub fahr, loß isch misch nedd hetze uff de Audobahn. Do fahr isch ganz gemiedlisch 180, 190..."

Sehe Se, uff so änn Satz kumm isch nedd. Wann isch mer vorstell, isch hock doo, unn bried ä neies Kabarett-Programm aus – uff so än Satz kumm isch nedd, doo fehlt mir äfach än Mangel an Intelligenz!

Sie, am Anfang war des hochgfährlisch. Jedesmol, wann die Nachbarn minanner gschwetzt hawwe, hott's misch 6 – 8 Meter in de Gadde nausghaue – unn jedesmool in die Brombeere, jedesmool in die Brombeere! Dann bin isch blutiwwerstreemt ins Haus zurick kumme, unn moi Fraa hodd mid mer gschännd. „Kabarett", hodd se gsachd, „alles schää unn guud, awwer bei dem Bludverluschd; unn wer solln des Verbondszeig zahle!" Jetzt haww isch mer an moin Stuhl uff de Terass än Sischerheits-Gurt anbringe losse. Am Anfang haww isch noch ä Schleidertrauma kriggd, wann die Nachbarn gschwetzt hawwe. Dann haww isch mer noch ä Naggestitz dezumache losse. Des klappd jetzt oinwandfrei. Isch muß misch bloß noch am Wocheend uff die Terass hogge unn midschreiwe.

Ä anneri Fundgrub fer än Kabarettist sinn die Volksfeschde. Do driffd mer die Leid zu Zähdausende. Uff'm Blumme-Peder-Feschd haww isch ämol in zäh Minudde zwanzisch Leid gedroffe, mid denne wo isch nedd verwandt unn nedd verschwägerd war, unn trotzdem hawwe denne ihr Knie genau in moi Kniekehle gebaßt. Unn alsämol kriggd mer aa än Hund ins Gsischd, weil die Dackel misse jo ihr Hunde draache, daß känner druffdabbd. Wann mer uffbaßt, kann mer amool in ä Brodworschd noibeiße, wo grad vorbeigedraache werd.

Awwer s'wischdigschde kummd noch: Die Kurpälzer hawwe Kuldur – Kuldur hawwe se, do kann änner saache, was mer will. Unn am beschde siehd mer des uff denne Volksfeschde. Kaum hawwe se zum Beispiel ä Brodworschd gekaafd, hawwe se aa schunn än Dreckäämer gfunne, wo se dran esse kenne. Ausländer, wo nedd so viel Kuldur hawwe wie mir, die deede vielleischd nooch emme Disch suche. Nix, unser Leid, zu fünft, sechsd stehe se um än Dreckäämer rum unn losse sisch's schmecke. Familiär hald.

Wie isch des s'erschde mool gseh hab, wie die Leid am Dreckäämer esse, hab isch gseh, daß des än guuder Platz iss, fer dran zu esse. Weil vumm Dreckäämer isses nedd weid bis direkt newer de Dräckäämer, wo mer dann soi Sach hischmeiße kann.

Kuldur hawwe se, die Kurpälzer, unn ricksischtsvoll sinn se. Wenn se ääm zum Beispiel im Gewiehl mit der Zigarett de Kiddel anstegge, schidde se glei än Schobbe nooch, daß joo nix bassierd. Unn wann mer sisch dann beiänne entschuldischd, daß mer nä in de Zigarett rumgstanne iss, werre die neddemol bees. Guudmiedisch halt, wie seller eldere Mann, wo isch beobacht hab. Der wollt grad än Schobbe dringe, issäm ä elderi Fraa unnerm Ellebooge durchgschlabbd, unn er hodd ere den ganze Schobbe iwwergschidd. Mähne Se, der wer bees gewese? Nix, des äänzische, was er gsachd hott, war, „Baß doch uff, Du aldi Gruschdl!".

Sie, doo iss mer's Herz uffgange, do iss mer's Herz uffgange! Do habb isch uff ämool widder verstanne, was es heeßt, wenn's heeßt, wenn änner vunn ännere Reis häämkummd in die Kurpalz unn sachd, „dehääm iss dehääm!".

WSV/SSV

Wie de Leid klarmache, daß de WSV unn de SSV kää Veroine vunn de Fußball-Bundesliga sinn? Vielleischt so: De WSV unn de SSV sinn die zwee äänzigschde Johreszeide in de Marktwertschaft, wo die Ware zu Marktpreise angebodde werre – ohne die 20% bis 70%, wo se unnerm Johr druffklobbe.

Den seldene Normalzustand duun die Kaufheiser mit starke Setz ankinnische, (des kummt vunn ‚kinnisch') wie „Bei uns gehen die Preise baden!" – unn nedd de Kunde, der wo den Gang unner die Dusch oft gern fer nooch äm Schlußverkauf verschiebt. Weil beim Winderschlußverkauf unn beim Summerschlußverkauf schwitzt mer jo grad genug. Unn fer die Flora unn Sauna vunn de Haut isses nedd guud, w'mer sich zu oft wäsche dudd.

Mer wisse jetzt jo ah, daß mer so ään Schlußverkauf nedd bloß aus wertschaftliche Grind verstehe kann. Mer brauche do Biologie unn Psicologie. Unn vunn denne wisse mer, daß aa die Fraa mords kriegerische Qualitäte hott, obwohl die bei de Fraa in de Regel bloß periodisch rauskumme. Unn de Schlußverkauf iss so ä Period.

Verglische mid de erschde zwee Daag vumm Schlußverkauf war die Schlacht im Teutoburger Wald wahrscheinlich so ä Art Kameradschaftsowend. Wie jo die Männer iwwerhaupt sisch aa im Kampf durch Vernunft, Anstand unn Intelligenz auszeichne. Des sieht mer schunn, wie gern se ä Glas Bier minnaner drinke gehe, nochdem se sisch vorher fachkundisch, diszpliniert unn in aller Freundschaft gegeseidisch verschlaache hawwe.

Beim äme Schlußverkauf kummd Krach aus de Kaufhäiser, wie vunn schwere Stroßeschlachte. Moi normali Angschd werd dann zu ännere Panik. Lache Se nedd! Isch habb normal nedd mer Angschd, wie die meischde annere Männer aa. Awwer isch hab moi Erfahrunge.

Ämol iss mer än Knopp ins Aag flooche, wo abgsprengt worre iss, wie ä liebendi Gattin versucht hott, den 56er Bauch vunn ihrer bessere Doppel-Hälft in ännere 48er Hos zu deponiere. Ä annermol fährt äänn Arm aus ännere Umkleidekabin unn ä wildfremdi Frauestimm sacht: Bring die drei Kleeder an die 38er Gondel, unn hol äns vunn de 52er. Unn noch ä anneres mol is so ä Ledy bletzlisch aus äme Lange-Herre-Unnerhosse-Ständer ufgetaucht, unn hott versucht, misch in so ä Unnerhos noizustobbe. Wahrscheinlich bin isch do's Opfer vunn ännere Verwechslung worre, odder ihrn eigener Alder hodd Fahne-Flucht begange in ääni vun de herumliegende Kneipe.

Isch sag Ihne ääns: Än Mann, wo im Schlußverkauf nedd ä bissl TAEK WON DO kann oder irgend was anneres fer die Selbschdverteidischung, hott do ganz schlechte Karte.

*   *

*

Michael J. Seifert

Die eine und die andere

enni
hedder hawwe känne
wanner gewollt hedd

e anneri
hedder hawwe wolle
wanner gekännt hedd

mit ännere annere
hodder waas kadde
awwer heegschdns beino

mit ännere annere
hodder widder was kadde
awwer bloß e bissl

wanner awwer
mit däre
net e bissl wass
kadde hedd
hedder awwer waschoins
mit ännere annere
e bissl wass kadde

odder hedder
mit widder ännere annere
e bissl was kadde

odder hedder
mit widder ännere annere
beino wass kadde

odder hedder
mit widder ännere annere
was hawwe wolle
wanner gekännt hedd

odder hedder
mit widder ännere annere
wass hawwe känne
wanner gewollt hedd

waschoins
hodder awwer
net gedirft.

Konstellation OP

schobbe
schobbe unn gäscht

gäscht
gäscht unn schwaademaache

schwaademaache
schwaademaache unn dischblimmlschär

dischblimmlschär
dischblimmlschär unn allo heer

schobbe unn gäschd unn schwaademaache
unn dischblimlschär unn
allo heer unn
ännerwuzuguckt.

Konstellation V

e dräbblsche schwääß
e feischt hesslsche
e gebischldes daschedischlsche
e gedriggldi dischdeck
e geeles kinnärscheeslsche
e luschdischi weschfraa
e schdigglsche sääf
e verroschdi weschedriggl
hinnärde verschbritzt weschmaschien
imme babbische schorzedeschlsche
imme schdingische ämer
in däre schdiggisch weschkisch
in ännere annere gebärscht bränk
in ännere gebärscht bränk
iwwerm dräggische weschesäl
mit eere dischdische händ
uff änere bräde schdärn
unn noch e schdigglsche sääf
unnerm schäne dischlsche
wass isch.

   * *

    *

Hermann Josef Settelmeyer

S verlorene Paradies

Ich män, daß ich sou'n Bu grad war,
ischs noch kä langi Zeit.
Doch wonn ich drauß sou um mich guck,
ischs fascht e Ewichkeit.

Wie hämmer uf de Schtroße als
die Dänzer hupse losse,
hänn Klickerles un Rääfels g'schpielt
un mit de Schlehbix g'schosse.

Bei Reche un bei Sunneschoi
warn drauß mer uf de Wisse,
hänn uns verschdeckelt in de Heck
un Schtrimp un Schuh verrisse.

Mer sin de liewe, lange Daach
im Bächel rumgebade,
hänn Mollekepp un Fisch gegrubbt –
im Babbel bis an d' Wade.

Die hegschte Belle simmer als
wied Affe nuffgegleddert,
bis owwe naus ons Atzelnescht –
wonn ach die Mamme weddert.

Denk ich sou an moi Kinnerzeit,
gebt mer's im Herz än Schtich,
wonn ich jetzt drauß sou um mich guck
un sähn, was woore isch.

Heit, heit mecht isch kä Kind mäh soi
um alles in de Welt.
Mer waren reich, sou arm mer warn –
heit hänn se blouß noch Geld!

S alde Lädel

Moi Dante hot e Gschäftel ghatt,
sou'n alde Krämerlade
mit Schublädle un allem drin
vun Knepp bis Nähtsefade.
Mit Zehnerkeesele, Boddekram,
mit Hef un Suppewerfel,
mit Fett un Zucker, Grieß un Reis
versorcht se s ganze Derfel.

Uns Kinner wars e mords Pläsier,
im Lädel zu verkaafe,
mer lossen Essich ausem Faß
in klänne Fläschle laafe,
mer wiechen Salz in Dutte noi
un zäpplen Senf in Tasse.
Jed Kind kriecht noch e Gutsel gschenkt –
mer hänn se jo in Masse.

Was alles sou im Dorf bassiert,
im Lädel konnschts erfahre:
Vun Krach un Hännel, Boledik,
gehoime Liewespaare.
Heit schiebscht allää, mit triewem Gsicht
im Supermarkt doi Wächel,
kä Mensch mäh froocht dich, wie ders geht,
un packt doi War ins Däschel.

De Babbedeckel uns Babier
sinn mäh oft als die Ware,
mit Fläschle gibscht dich nimmie ab,
fer was umschtändlich schpare!
Kän Abfall, Schtreß, kä Hetzerei
muscht heit erscht widder lerne:
Was war doch do s ald Gschäftel schun
fern Lade, fern moderne!

Pälzer Traum vun Selichkeit

Als Pälzer, des isch gar kä Frooch,
do kummscht mol in de Himmel,
un dann erlebscht am Himmelstor
ä riesisches Gewimmel:
In helle Schare schtrömts do bei
aus aller Herre Länner.
Doch werklich in de Himmel noi
gheert eichentlich blouß änner:

Die Preuße, die sinn viel zu schtur,
die Bayern sinn zu grandich,
die Ammis zu verliebt ins Geld,
die Russe zu pedantisch.
Ach schunscht finnscht kaum ä weißes Lamm,
fascht lauter schwarze Schoofe:
De Schweizer, der hett noigederft,
hots awwer glatt verschloofe.

Doch unser Pälzer Frohnatur
duht fer de Himmel dauche,
un unser nowlie, foinie Art,
die kannscht do owwe brauche.

Ach hämmer s Land mit Lieb geheecht,
wu mer hänn derfe wohne,
un daß mers ihm sou gut gepflecht,
duht uns de Herrgott lohne.

Paar onnre derfen trotzdem mit
vun denne, wu erschiene:
Die brauchen mer im Himmel drin,
fer d Pälzer zu bediene.

S verkannte Pälzer Schenie

Als Pälzer bischt doch bloß de Depp
in manchem soine Aache,
ischt Sauerkraut un Lewwerknepp,
kannscht jedie Meng vertraache,
du metzelscht jedes Johr doi Sau,
bischt äfach un bescheide,
bischt freundlich, friedlich, baureschlau
un jeder konn dich leide.

Doch in de hehere Kultur,
do hoscht nix uffzuweise.
Doin Geischt ziecht grad kä brädie Schpur
un duht känn Schtrick verreiße,
er latscht, jetzt bildlich mol betracht,
in Holzschuh durch die Gechend
un isch, verschpott un viel verlacht,
mit Oifäll net grad g'sechent.

Wer sou denkt, hot känn blasse Dunscht!
Mer Pälzer sin kä Niete,
in Wissenschaft, Erfinnerkunscht,
was hämmer do zu biete!
Was sin fer weltberiehmte Leit –
un ganz beschtimmt kä Dumme. –
schunn immer, bis uf'd heidich Zeit
aus unserm Landschtrich kumme.

Drum lossen mer uns unsern Schtolz
von kämme Babbler nemme.
Mer Pälzer sinn aus beschtem Holz
un brauchen uns net schämme!

Un die Moral:
On Qualität sinn Pälzer Kepp
sou gut wie Pälzer Lewwerknepp.

E Stiggel Brot

E Stiggel Brot,
grad ämol ningebiss,
do leit's im Dreck.
's hat's jemmand fortgeschmiss.

E Stiggel Brot,
ach Gott, was is des schunn!
Ma hat im Dreck
schunn annres Zeich gefunn.

E Stiggel Brot,
wer froot heit noch dennoh.
Die Leit sin satt
un all gut a(n)gezoh.

Brot fer die Welt?
Das leit net uff de Stroß.
Das gäbbt ma doch
heit alles ba(r)geldlos.

E Stiggel Brot,
grad ämol ningebiss,
do leit's im Dreck.
's hat's jemmand fortgeschmniss.

's kännt sin, wer wääß?
daß der wo des do wa(r),
noh Krimmle sucht
mol amme schääne Daa.

Günter Speyer

Ultimo

Wann's Zaldah gäbbt,
brauche die Leit Geld.
Die wo kriehe
un die wo bezahle.
Die Kohle misse jo schdimme.
Vun was soll de Schornschde dann raache?

E Schornschde muß mindschdens zwää Eff-
nunge han,
ää Loch unne
un äns owwe,
sunschd zieht de Raach net ab.

Wo kää Raach is, is ah kää Feier.
Un wann die Kohle all sin,
nitzt de schänschde Schornschde nix.
Dann kammer dorchgucke
bis in de Mond.

Was ich noch saa wollt

Ich saa's eich!
Ich saa jo!
Ich saa's wie's is!
Ich saa, was ich denk!
Ich saa jo schun gar nix.
Un des werr ich noch saa derfe.

De Liewesbrief

Moi Schätzel hat mer g'schribb,
e Brief, vier Seite voll.
Ich wääß vor lauder Glick
net, was ich mache soll.
Soll ich e Liedche singe
vun Lieb un Selichkeit?
Gar ausem Fenschder springe?
Ich glaab, ich deet's vor Freid.

Vorm Fenschder is' so dief,
do weer mer's nimmi wohl.
Es bescht, ich nemm de Brief
un les ne noch emol.
Ich loß die Bosse bleiwe,
hol liewer Briefbabbier,
un hock mich hie zum Schreiwe.
Jetzt is die Reih an mir.

Grenzfäll

Mer sin mol iwwer die Grenz geloff,
die Grenz noh' m Elsaß driwwe.
Im Wald war se so grie,
ma hat se net gesieh.
Im Nu wa'mer do iwwe.

Im Dal hat se ganz still geläh,
glei an de Strooß do unne.
Die Zollbeamte han
so läädich rumgestann,
un bloß die Schrank war hunne.

Uff ämol kummen Gäns doher,
gehn ohne uffsebasse
direkt uffs Ausland los.
Der Deitsch un der Franzos,
die han se wolle schasse.

Das hat e Mordsspektakel gäbb:
Die Gäns wollte net weiche,
sin iwwer de Schrank
un unner de Schrank
als dorch, es war zum kreische!

Die han geschnattert, ma hat gemänt,
das dät dem Viehzeich gfalle. –
Fer was brauch ma e Grenz,
wann net emol die Gäns
sich an die Ordnung halle!

Rudolf Stähle

Selle Zugbekanntschaft

Ii hab en numme so kennt, wie mer halt Leut kennt, wo eim alltag üwwer de Weg laufe odder wo mer immer em gleiche Zug em gleiche Abteil trefft. In dem Fall em 19.15 Karlsruhe ab, Nahverkehrszug, erschtes Raucherabteil nachem Poschtwage. 'S isch nämlich so, daß Leut, wo jeden Dag fahre, net einmal da un e anners Mal woannerscht ihr Plätzle suche: nai, die hawwe ihr feschts Abteil un sin fascht bös, wenn irgend so en Glegeheitsfahrer da sitzt, wo sie sonscht emmer sitze. En vernünftiche Grund gebts net defür, awwer was willsch mache: so sin d'Leut halt un i au.

Un so sitze halt emmer au die gleiche beinanner. Mer macht net viel Gedöns daher deswege, scho gar net imme Abendzug, mer sagt eifach: Soso, au Feierawend, un zünd sei Rauchzeugs a un no isch gut. Wunnere däts eim bloß, wenns annerscht wär. Wenns eim selber un em annere grad gschprächig z'mut isch, no red mer üwwers Wedder, wo emmer meh werde, odder üwwers Geld, wo emmer wenicher werd. So wie i mit dem, von dem i jetzt verzähle will, weil mir eimal au von was annerem gschwätzt hawwe – 's erscht un s'letscht Mal, wie i glei sage will.

'S isch en bessere Herr gwese, er hat emmer deckte Azüg trage, so middelgrau odder middeelbraun, weiße Hemmeder un e Krawättle dezu, er hätt könne innere Bank schaffe odder beire Lewensversicherung odder imme Kaufhaus, die verlange des von ihre A'gschtellte. Awwer e kleins Schnurrbärtle hatter sich gleischt. Des war so wie e frechs Düpfele aufeme sonscht ganz middlere I, middelgroß, middelalt – so Midde 40, hawwe en gschätzt, – inere middlere Bosidion. Nur sei Auge, die hawwe widder zum Schnurrbärtle gschtimmt, di sin hinn er jedem Mädle her un hinner jedere Frau, wo au nor halbwegs ebbes zum Agucke gwese isch, un net bloß des, sie hawwe se au no grad ums Rumgucke auszoge un wie i emal so en Blick aufgfange hab, un er hat's gmerkt, no hater e bißle verlege grinst un sei schmale Achsle zuckt un gsagt, so wär des halt.

I mein, i hab des scho irgendwie verschtanne, was er hat sage wolle, awwer i müßt lüge, wenne sage wollt, daß mer sei Guckerewi deswege weniger uagnehm gwese wär. Un i hab mer heimlich gratuliert, daß i kei Frau bin un mit so eim in eim Büro odder in einere Abdeilung schaffe muß, weil die meischte Fraue des ja merke, wenn se so aglotzt werre – des hawwee emal irgendwo glese, un die meischte möge des net.

En Durlach sin zwei Mädle eigschtiege un hawwe sich zu uns gsetzt, weil sonscht kei Blatz meh frei war, un die hawwe erscht no ganz laut un uscheniert gschwätzt von ihrm Gschäft un was die Scheffin gsagt hat, awwer no sin se nach un nach emmer schtiller worre, wie se dem sei Schtielauge gschpürt hawwe. Die ei hat e ziemlich kurz Röckle aghabt un drunner ziemlich eckiche Knie, die anner hat zwar Hose drage, awwer e scho ganz gut gfüllts Blüsle un da ischer mit seine Auge drauf schpaziere gange un die Härlen von seim Schnurrbärtle hawwe sich gsträubt. Bis Grötzinge hat er der scho alle Knöpf von dere Blus weggeguckt ghabt, in Berghause war des Röckle von dere annere so gut wie nimme da, in Söllinge ware dann au die pralle Hose weg un i weiß net, was no bassiert wär, wenn die Mädle net in Kleischteibach ihr Mäntel geschnabbt hädde un wäre fluchtartig ausgschtiege. I hab me ja fascht selwer nimme draut hinzugucke.

No isch au de Schaffner komme un hat kontrelliert, un ab Königsbach ware mir dann ganz allei im Abdeil. Der middler Mann hat me e paar Mal aguckt, als wollt er was sage, awwer gell, nach dem, was mir da zsamme erlebt ghabt hawwe, war de Afang gar net leicht. No hawwe mer beide in unsere Dasche nach Zigarette gekruschtelt, i war e bißle schneller un hab au glei mei Feuerzeug ghabt un hab em Feuer gewwe. Defür hat er sich bedankt un hat als no nacheme Afang gsucht, un i hab en ruhich suche lasse un schließlich hadder gsagt, mer hätts net leicht. Seller Satz schtimmt nadierlich fascht emmer, bloß isch mer vorkomme, als dät er jetz grad net so arg basse, awwer widderschpreche hawwem au net wolle un hawwem also bschtätigt, wem er des sagt un mer hätts wirklich net leicht. Gell, hatter gsagt, un war ganz glücklich, daß i 's au net leicht hab, wenn's no Klöschter gäb, also richtiche, moderne, des wär gut. Er dät sich des so vorschtelle: net wie die alde Klöschder, die wäre em Middelalder recht gwese, für Ackerbau un Viehzucht un dem nötigschte Handwerk; jetz müßte des Hochhäuser sei, wo verwaldet un gschafft werd, wies in de moderne Gsellschaft nötich isch, un d' Wohnung glei debei, was braucht mer denn eigetlich meh wie e Zell, un e Mauer drumrum un Männer für sich un Fraue für sich. Da könnt mer in Ruh sei Dagwerk dun, hätt sei Ruh, un die Weibsleut däte eim net dauernd beunruhiche mit ihre Blüsle un Röckle un mit all dem, was se da drin hawwe...

Ha jetz schlägts dreizehn, hawwe gsagt, un war richtich von de Socke, i hab ja die Gschicht erlebt zwische Durlach un Kleischteibach, ja gucke Sie denn net gern die Mädle a? Was heißt gern, sagter, er hätt kei Wahl. Er müßt eifach.

De Zug, wo in Königsbach e Weile gschtande war, hat sich jetz arg beeilt, hat in Ersinge un Bilfinge kaum länger ghalte, als mer braucht, um de Name von de Schtation zu rufe, hat jetz Ischpringe verlasse un isch auf des Tunnel vor Pforze zugschtürzt. Bei dem Krach da drin hat mer sei eiges Wort net verschtanne, mir hawwe drum schtill an unsere Zigarette zoge, un i hab denkt, vielleicht isch er en Deufel; awwer en arme Deufel.

Wie mer dann zsamme ausgschtiege sin, hat er me ganz dringlich gfragt, ob er me no zueme Bierle einlade dürfe dät un weil i gseh hab, daß mei Bus wege der Verschpätung doch scho weg war un de nägscht geht erscht gut inere Dreiviertelschtund, un au weil me unser Unterhaltung intressiert hat, hawwe gsagt, ha gern. No simmer also no in des düschter Bierschtüble gsesse, wo voll war von lauter Jugoslawe un Türke un Krach. Un wie mer no unser Bier kriegt hawwe un hawwe Proscht gsagt un de erschte Schluck drunke, no sagt er uf eimal: Wissese, i hab eigetlich Angscht. Un wie i frag, vor de Fraue, sagt er ja, vor de Fraue. Mit dene wär net zu schpasse. Sei Schnurrbärtle hat auf einmal ganz draurich gwirkt, wie die Mask vome Draufgänger im Gsicht vome Hasefuß. Da hat mer des grau Männle fascht leid getan. Awwer gfragt hawwe anneweg: Ha un warum er dann so gucke dät, daß de Mädle grad die Knöpf vom Bullöwerle odder vom Blüsle hopfe un se Hose un Röckle verliere?

Er hat in sei Bier neigseuftzt, er hätts doch scho gsagt. Er könnt net annerscht. Wenns no Klöschter gäb... No hammer zwei Schteihäger drunke. Un no zwei. Die hammer dann schogmerkt, so auf den nüchterne Mage. De klei grau Mann isch jetz, wie mer des oft hat, ine schtramme Haldung verfalle, hat sich bedankt für des Gschpräch un i soll an sei letschte Worte denke, es hätt ihn erleichtert, au wenn i ihm net hätt helfe könne. Er zahlt, ziegt sein Mantel an, packt sei Aktedäschle un geht mit so schteife Schritt an die Dür, grad als dät er sein letschte Gang gehe. I will mit, awer er winkt me zurück. Im Bierschtüble wars ganz schtill. Drum hört mer au die Fraueschtimm ganz deutlich, wo „Alfons" ruft. Er macht die Dür auf un geht naus in die Bahnhofshall. I schpickel newe ihm durchs Glas un seh, sie isch voller Fraue un Mädle, au die von vorhin debei, ganz vorne, alle halb odder ganz auszoge, dicke un dünne un große un kleine, arg wählerisch scheint er net gwese zu sei, de Alfons. Un zwei, e arg füllige Blonde in schwartzer Unnerwäsch un e dunkle ime rosa Unnerrock, die packe den graue Mann links un rechts un führen durch des ganz Schpalier von Buse un Bein den Alfons ab, zum Seiteeingang naus, wos ganz dunkel isch.

I bin zrück un hab no zwei Schteinhäger bschtellt, ein für mi un ein für ihn, un hab se alle zwei trunke. Mein Bus hawwe dann schpäter no kriegt, die Bahnhofshall war leer bis auf e paar Penner auf de eine Bank.

Selle Zugbekanntschaft hawwe net widder gseh. Vielleicht isch er au bloß nimmer mit dem 9.15 gfahre.

Paul Tremmel

Schtadtleit

Wer g'scheit is Leit – des sag ich glatt,
der zieht beizeite in die Schtadt,
un schafft er dort – vun frih bis schpät
un guggt – daß immer ebbes geht,
un schpart – un duht sich net viel genne,
un is vun morjens bis ow'ns am renne,
dann kanner sich – des is bekannt,
e Haisel leischte – uffem Land!

Abschied

Bahnhofsrand,
Koffer in de Hand,
Träne in de Ache,
kenner kann e Wort meh sache.

Tschissel – Zuckerschnut,
erhol dich gut.
Geh frih in dei Bett,
verhunger mer net.

Zug fahrt ei,
Fraa schteigt nei,
winkt vun ehrm Platz,
Wiedersehn Schatz.

Tascheduchschwenke:
Jeder duht denke:
Endlich – ach endlich e Woch mol allee,
Gott is des schee!

Zweemol die Hälft!

De Lehrer in de Owwerklass,
der gibt sich redlich Mih.
Daß alle Kinner lernen was,
schun morjens in de Frih.
Heit rechent er de Kinner vor,
vun Halwe un vun Vertel,
de Fritzel selbscht der is ganz Ohr,
basst uff, uff jedes Wertel.
Zweemol die Hälft, so hääst es dann,
des duht e Ganzes gewwe,
de Fritzel unseren kleene Mann,
der duht de Finger hewe,
„Herr Lehrer awwel schtimmt was net,
do henn se uns beschisse,
drum het ich jetzt emol e Bitt,
des will genau ich wisse,
en halwe Glatz hot sechzig Hoor",
segt er un nimmt sein Ranze,
„drum stimmt was net, so kummt mers vor,
wieviel hot dann en Ganze?"

Die heitich Jugend

Die heitich Juchend – die is schlecht,
nix schaffen se, nix is ne recht,
verwehnt un faul un a noch dumm,
un dann die Hoor! – Die laafen rum,
kee Schamg'fihl – kenn Reschpekt vorm Alter,
die Mädle – net mol Büstehalter.
Uff uff'ne Schtrooße sich verküsse,
dann wenn se alles besser wisse.
Die is beschtimmt mol net die bescht,
die heitich Juchend – des schteht fescht.
Des sachen die Alte jedes Johr,
wahrscheinlich war des früher schun wohr.

Geld regiert die Welt

De Mayersgret ehr Mutter schelt:
„Die Mannsleit guggen bloos uffs Geld,
mei Dochter mit de schenschte Locke,
der Lumbekerl – der losst se hocke,
un heirat enie – daß ich lach
kee Schönheit nee – doch awwer Sach,
do guggen halt die Mannsleit hie,
anna – die Kränk die kennt mer krieh,
er selwwer – arm wies Kerchemaisel,
drei Äckerlich – e aldes Haisel,
jetzt hockt er im gemachte Nescht,
vergess den Kerl des isses Bescht.

Doch hab ich der vun sellem Schote,
jo glei vun A'fang abgerote,
ich hab der's g'saat – Du wollscht net heere,
so enner kann Dich net ernähre,
ja – hedscht de Jagobb warm der ghalte,
der erbt emol was – vun de Alde,
un wanner ach kee Scheenheit is,
der bringt was mit, des is gewiß,
doch Duuu – ah iwwerleg doch glei,
's hett solle halt de Scheenschte sei,
mit dere A'sicht kummscht net weit,
des siehscht doch wieder deitlich heit,
de Jagobb – ja der bringt was mit,
jetzt sag mer warum den net widd?
Un ach de Fritz weer a'genehm,
bei denne is doch was dehääm,
un wanner ach en Buckel hot,
wenn schteert dann deß – oh liewer Gott,
die Hauptsach is doch bei me Mann,
ah dasser Dich ernähre kann.

Doch siehscht wies geht uff dere Welt,
die Mannsleit guggen bloos uffs Geld."

Die arm Zeit

's war in de Zeit – de gute ald',
lang for em Krieg – im Pälzer Wald,
do duhts der mol en laute Krisch:
„Babbe – kumm mol aus de Kich,
hot's do hinne net de Schein,
als käm de Pälzerwaldverein?"

„Kreisch net so – Du dummer Bu,
geh naus un schließ de Lokus zu,
dann raamscht die Serviette rei
un schließ ach glei de Senf noch ei!
Un uff de Disch – hopp – hopp – 's bressiert,
do kummen Schilder – reserviert!"

In seller Zeit – do war des so,
do war de Wert beschtimmt net froh,
kam so e Herd mol durch die Heck,
mit mitgebrochte Butterweck.

De Vatter – awwer schunnscht ach kenns,
der krieht e Vertel Nummer enns,
die Mutter derf e Schlickel trinke,
mer ißt sei eigene Weck mit Schinke,
die Kinner werren abgefunne,
mit klorem Wasser aus em Brunne.

Un heit – kee halb Johrhunnert schpäter,
wie geht des heit – des wääß doch jeder:
„Hopp – bring emol die Schpeisekaart,
for was sinn mer dann an de Haardt,
un bring mol 's erscht en Schoppe „Trocke"
mer wenn jo do net drucke hocke,
Un dann – do heert sich alles uff,
do schteht jo netmol Rumpsteeck druff,
uff dere Kaart – mei liewer Mann
un kee Pomfritt – wer simmer dann?"

„Un for de Klee – vor alle Dinge,
do duh en „Kalter Kaffee" bringe,
un bring de Groß e Cola mit,
de Fraa en Sekt – alloo – witt – witt!"

Was frääd sich heit en Waldschenkswert,
wann sich e Herd zu ihm vererrt.
Er wääs – do bleibt jetzt ach was henke
un net so wennich – lost sich denke.

Karl-Jörg Walter

Was sei' muß, muß sei'

Na, Fraa Schmitt, widder uff em Häämweesch?

Ja, ich hab grad e bissl ei'kaaft. Viel brauch ich jo net. – Un was machen Sie?

Ich guck mol, ob mein Mann noch net vun de Ärwet kummt. 's Esse hab ich schun ferdisch. 's gibt bloß Gewärmtes heit owend.

Hänn Se schun gheert, des mit de Schulzen?

Nä, was is dann?

A, ich mecht jo nix saache, awwer des geht zu weit. Loßt die doch jeden Daach e paarmol ehrn Keeter an unser Hausdeer pinkle. Ich hab mer's jo lang g'falle losse. Awwer am letschte Samsdaach hab ich se g'stellt. Was Se sich eischentlich denke deet.

Was määnen Se, was die zu mer g'sacht hot? – „Ich kann meinem Molly doch keine Windeln anziehen. Wenn er muß, dann muß er eben."

Ich hab 're orndlich druffgewwe: Jetzt langt mer's. Ziehen Se halt des Vieh e bissel niwwer ins Dreckgrääwel. Dort kann's pinkle sooft un so lang 's will.

Auweh, do hab ich in e Weschbenescht g'stoche. Die hot vielleicht e G'schiß gemacht.

„Das geht entschieden zu weit. Meinen Molly als Vieh zu bezeichnen. Das ist doch wohl der Gipfel. Sie impertinente Person."

Dodruffhi' hab ich zu 're gsacht: Deshalb brauchen se net glei iwwerzuschnabbe. – Ich wer's dem Hund schun austreiwe, verlosse Se sich druff!

Un dann is die Schulzen abgerauscht mit ehrm Prachtstick vun Molly.

Was määnen Se, was ich dann gemacht hab? – In de Drogerie hab ich so grie-gääles Pulver kaaft un an die Deer g'sträät. Jetz pinkelt der Keeter nimmi an unser Haus, sondern newedra' bei de Millern, dere Ratschbas.

Ich hab mich geschtern bal krank gelacht, wie die Millern aus em Fenschder geguckt hot, grad wie der Hund 's Bää an ehre Deer g'howe hot. Die Bollaache sin 're schiergar aus em Kopp g'falle un dann hot se in die Stubb 'neigerufe zu ehrm Mann: „Guscht, wem gheert dann des wieschte Vieh, wu an unser Haus pinkelt?"

Wie hot die vornehm Schulzen g'sacht: „Da kann man nichts machen. Wenn er muß, dann muß er eben."

Spatzesorche

Uns Spatze gibt's in fuchzeh Aarte
in Wald un Feld, in Haus un Gaarte.
Als Sperling si'mer ach bekannt
un mit de Finke noh verwandt.
Trotz Fallesteller, Hund un Katze –,
in aller Welt gibt's uns, die Spatze.

Mer sin kä Stare, net grad schää,
net stolz un stattlich, eher klää,
mer halten ach kä Flugrekorde,
fer uns find't känner b'sondre Worte.
Doch si'mer zahlreich, zäh un keck,
sunscht wär'n mer längscht vum Fenschter weg.

Am Owend, mittags, frieh am Morche,
hänn mer, wie alle Vechel, Sorche.
Will mer an Fraa un Kinner denke,
muß mer sich Hals un Kopp verenke,
es muß en große Glicksfall sei,
bis's langt fer in die Schnäwwel nei.

Frieh'r war des Fresse grad en Spaß,
gedeckt de Disch in Strooß un Gaß,
dann –, Geil hot's gewwe, jedi Sort,
in Stadt un Land, im klenschte Ort.
War mer fer'ns Feld naus mol zu mied,
do is mer halt zum nägschte Schmied,
un dort, des is jo jedem klar,
war'n frische Äppel gar net rar.

Will heit ich, wie in junge Daache,
was Gutes fer mein Spatzemaache,
flieg ich zum Dokder hinners Haus.
Der hot en Gaul, reit'mit em aus.
Die Äppel sin, ehr liewe Leit,
wie aus de gude, alde Zeit,
kenn Abfall aus dem Wohlstandsmüll!
Kann enner saache, was er will!

Doch mit de Zeit werd's immer schlechter.
Viel Vechel hänn schun leere Neschter.
Mer spritzt un sprieht in Feld un Wald,
de Fortschritt macht vor uns net halt.
Durch's Futter schun wersch schwach un krank,
fer gute Dienscht, is des de Dank?

Sogar die Luft is nix meh wert,
vun owwe find' mer kaum die Erd,
vor Mono- oder Dioxid
en Adler kaum noch ebbes sieht.
Geht des so weiter, meiner Trei,
is' mit uns Spatze bal vorbei.

Mer kennt uns bloß noch, 's wär zum Fluche,
im Zoo, im Kewwisch, mol besuche,
un des, ich sach's Eich, ach Herrjé,
wär fer de Mensch kä Renommé.
Drum stell'n den Raubbau an de Umwelt ei'!
Net bloß mer Spatze wer'n Eich dankbar sei!

DIE HERAUSGEBER

Bruno Hain, geboren 1954 in Ludwigshafen am Rhein, aufgewachsen und wohnhaft in Iggelheim. Besuch der Volksschule in Iggelheim, Realschule Haßloch und des Wirtschaftsgymnasiums Ludwigshafen. Studium der Anglistik und Germanistik an der Universität Mannheim. Freischaffender Publizist. 1989 „Preis der Emichsburg". Buchveröffentlichungen: Martin Greif: „Fremd in der Heimat", Gedichte (1984); Erstausgaben Pfälzer Mundartdichtung, Bibliographie (1985); Ludwig Hartmann: „De Unkel aus Amerika", Erzählung (1986); Anna Croissant-Rust: Geschichten (1987, mit Rolf Paulus); „O du moi goldischie Krott!"; E pälzisches Liewesgedicht (1989); „De erschte Schmatz om rechte Platz", Lustspiel (1990); De Hallberger. E sagenhaftes Pälzer Stick (1991); S Hohe Lied vum Käänisch Salomo. Uf Pälzisch iwertrage (1991 Kunstmappe mit Leopold Mimler); Erstausgaben Pfälzer Mundartdichtung, Bibliographie, Nachträge (1991); Reiterlud. Volksstück in Pfälzer Mundart (1991 mit Rudolf Köstlmaier).

Von und mit Bruno Hain sind bisher erschienen:

1984 Martin Greif: FREMD IN DER HEIMAT, ausgewählte Gedichte
1985 ERSTAUSGABEN PFÄLZER MUNDARTDICHTUNG,
Bibliographie
1986 Ludwig Hartmann: DE UNKEL AUS AMERIKA. Eine heitere Pfälzer Erzählung. Mit Illustrationen von Doris Gaab-Vögeli
1987 Anna Croissant-Rust: GESCHICHTEN. Mit einer Einführung in Leben und Werk. Hrsg. von Rolf Paulus und B. H.
1989 O DU MOI GOLDISCHIE KROTT. E pälzisches Liewesgedicht
1989 DE ERSCHTE SCHMATZ OM RECHTE PLATZ. Lustspiel in 3 Akten nach Hippolyt August Schauferts „DER GAISBOCK VON LAMBRECHT oder EIN KUSS ZUR RECHTEN ZEIT"
1991 DE HALLBERGER. E sagenhaftes Pälzer Stick
1991 'S HOHE LIED VUM KÄÄNISCH SALOMO. Uf Pälzisch iwertrage. Bildelscher: Leopold Mimler (Kunstmappe)
1991 DOD UN DEIWEL! Gedichte uf pälzisch (einmalige Auflage: 33 Exemplare)
1991 ERSTAUSGABEN PFÄLZER MUNDARTDICHTUNG. Eine Bibliographie. Nachträge, Ergänzungen, Berichtigungen
1991 B. H./Rudolf Köstlmaier: „REITERLUD", Volksstück

Rudolf Lehr, geboren 1924 in Sandhausen bei Heidelberg und dort wohnhaft. Langjährige Redakteurtätigkeit in Heidelberg und Wiesloch. Ab 1960 schriftstellerisch tätig: Historische Volksstücke, Gedichtbände, Gemeinde- und Landschaftsporträts. „Kurpfälzer Anekdoten" in vier Auflagen; zusammen mit Peter Assion und Paul Schick zwei Sagenbücher; zusammen mit Kurt Bräutigam und Paul Waibel drei Muddersprooch-Bände sowie das Volksbuch der Mundarten „Daheim, Dehååm, Dehääm". 1987 „Sunneglanz", Bildband mit Mundarttexten; 1988 Wiesloch-Buch „Spur durch die Jahrtausende"; 1990 zusammen mit Karl Kurrus „Geschichten aus dem Badnerland"; 1990 zusammen mit Wilhelm König „Mol badisch, mol schwäbisch"; 1991 zusammen mit Paul Schick „Perkeo lacht"; 1991 Regionalbildband „Schönes Nordbaden". Auszeichnungen: 1981 Jakob-Böshenz-Preis für das literarische Gesamtwerk; 1983 Landesverdienstmedaille in Gold; 1989 Bundesverdienstkreuz am Bande.

Von und mit Rudolf Lehr sind bisher erschienen:

1960 KURPÄLZER LAND UN LEIT UN LEEWE
1963 KURPFÄLZER ANEKDOTEN (1990 in 4. Auflage)
1969 KURPFÄLZER LAND
1976 VOM RHEIN ZUM TAUBERGRUND (zus. mit Adolf Gängel) (1979 2. Auflage)
1978 MUDDERSPROOCH I (zus. mit Paul Waibel)
1980 KURPÄLZER LAND UN LEIT (Gedichtband)
1980 MUDDERSPROOCH II (zus. mit Paul Waibel)
1981 FINMOL DES UN SELL (zus. mit Irma Guggolz, Marliese Klingmann, Eugen Pfaff und Wilh. v. d. Bach)
1981 MUDDERSPROOCH III (zus. mit Kurt Bräutigam)
1982 MAX UND MORITZ, Badisch-Pfälzisch
1983 SANDHAISER LEIT
1984 BEI BREZEL UN WEI(N) (zus. mit Irma Guggolz, Wilhelm v.d. Bach und Gisela Herrmann)
1986 DAHEIM, DEHÅÅM, DEHÄÄM (zus. mit Kurt Bräutigam)
1987 KURPFÄLZER SAGENSCHATZ (zus. mit Paul Schick)
1987 SUNNEGLANZ Bildband mit Meditationstexten
1988 SPUR DURCH DIE JAHRTAUSENDE
1989 GESCHICHTEN AUS DEM BADNERLAND (zus. mit Karl Kurrus)
1990 MOL BADISCH, MOL SCHWÄBISCH (zus. mit Wilhelm König)
1991 PERKEO LACHT (zus. mit Paul Schick)
1991 SCHÖNES NORDBADEN, Farbbildband

DIE AUTOREN

Wilhelm von der Bach – Wilhelm Danzer, geboren 1902 in Wiesloch, gestorben 1991. Bekannt durch viele Mundartverse in der „Wieslocher Woche", aber auch in etlichen Mundart-Anthologien („Muddersproch"-Bände, „Finfmol des un sell", „Bei Brezzl un Wei(n)", „Mei Sprooch – dei Red" u. a.)

Willi Bartholomä, geboren 1928 in Ludwigshafen a. Rh., Elektrotechniker, lebt in Dannstadt-Schauernheim., 1988, 1989, 1990 und 1991 Preisträger beim Mundartwettbewerb „Dannstadter Höhe". Buchveröffentlichung: „So isses unn so war's" (1990).

Michael Bauer geboren 1947 in Kaiserslautern, lebt in Mainz. Schallplatten und Bücher, zuletzt „Sätisfäktschen" (1988) und „Die Els" (1989). Zahlreiche regionale wie auch überregionale Literaturpreise und Stipendien. Erfinder der Sendung „Literatur auf dem Prüfstand" in SWF II.

Kurt Bräutigam, Prof. Dr., geboren 1911 in Mannheim, wohnte in Bad Krozingen. Germanist und Mundartkundler, war zuletzt Direktor des Staatlichen Seminars für Schulpädagogik (Gymnasien) in Freiburg. Zahlreiche Aufsatz- und Buchveröffentlichungen zur Methodik und Didaktik des Deutschunterrichts, ferner zur Flurnamenkunde, zu Kinderreimen und zur Mundartkunde seiner Heimat. Mit Rudolf Lehr zusammen Herausgeber von „Landuff, landab" (Muddersprooch Bd. 3) und „Daheim, dehååm, dehääm".

Erwin Burgey, geboren 21. März 1922 in Bolanden. 1941 zur Wehrmacht einberufen, Kriegsgefangenschaft bis 1948. Seit 1949 Gastwirt in Bolanden, seit 1963 zugleich in Diensten der Gemeinde. 1985 Pensionierung. 1959 1. Preis beim Pfälzischen Mundartdichter Wettstreit in Bockenheim. Seitdem weitere 18 Prämierungen dort. 1979 Jakob-Böshenz-Preis der Gemeinde Bockenheim. Selbständige Veröffentlichung: Dunnerschberger Keschte 1980; Beiträge in zahlreichen Zeitungen, Kalendern und Anthologien. 1960 Krippenspiel in Mundart: „Die Herbergsuche".

Margarete Dagies, geboren 1922 in Sinsheim-Eschelbach und dort wohnhaft. Schriftstellerisch tätig seit 1975. Buchveröffentlichungen: 1984 „Sagen und Legenden aus dem Kraichgau"; 1987 „Alles war für die Katz"; 1990 „Gekocht, gebacke un verzehlt". Beiträge für die Tagespresse, Heimatschriften etc.

Eugen Damm, Buch- und Bühnenautor, geboren am 9. Mai 1936 in Kaiserslautern, dort wohnhaft, Weiherstraße 9a. pensionierter Zollhauptsekretär, schriftstellerisch seit 1970 tätig, mehrfacher Preisträger beim Bockenheimer Mundartdichterwettstreit. Mundartgedichtbände: „Moi Nachtdischlamp", „De Schoggelgaul", „Germanias Nawwel", „De Pälzer ehr Dreifaltichkäät", „Als Pälzer gebor ...", „Fasenacht, die Pann kracht!" (Gondrom-Verlag Kaiserslautern). Bühnenstücke: „De Hussjeh", „Die Wunnerquell", „De Määschderschuß". Wöchentliche Glossen „De Hannewackel un 's Jakobine" in der Lokalpresse.

Hermann Dischinger, geboren 1944 in Östringen, Kreis Karlsruhe, lebt dort als Oberstudienrat für Englisch. Hatte es schon immer mit Sprachen zu tun (Latein, Griechisch, Hebräisch, Englisch, Deutsch, Eeschdringärisch). 1989 Preisträger beim Wettbewerb für Mundartlyrik in Nordbaden. Mundartlesungen und eigener Lyrikband „Gedichte 1990".

Susanne Faschon, geboren 1925 in Kaiserslautern, lebt in Mainz und Hochheim. Bis 1985 Sachbearbeiterin beim Südwestfunk, Landesstudio Rheinland-Pfalz. Buchveröffentlichungen, u. a. „Korn von den Lippen", Gedichte, Relief-Verlag, München 1976; „Das Dorf der Winde", Neske-Verlag, Pfullingen 1976; „Der Traum von Jakobsweiler", Pfälzische Verlagsanstalt, Neustadt/Wstr. 1980; „Unter der Arche", Gedichte, Reihe Punkt im Quadrat, Kusel 1982; „Vogelzug", Gedichte zu Grafiken von C.M. Kiesel, herausgegeben von der Stiftung zur Förderung der Kunst in der Pfalz, Pfälzische Verlagsanstalt, Neustadt 1984; „Mei Gedicht is mei Wohret", PVA 1988; Mitherausgeberin u. a. von „Prismen", 1961; „In

Sachen Literatur", 1979; „Literatur aus Rheinland-Pfalz II – Sachliteratur" und „Literatur aus Rheinland-Pfalz III", Verlag Dr. Hanns Krach, Mainz 1981 und 1985. Mitarbeit an zahlreichen Zeitschriften, Anthologien und Funkanstalten. Auszeichnungen u. a.: Förderpreis des Kultusministeriums Rheinland-Pfalz, 1963; Ehrengabe der Deutschen Schillerstiftung, Berlin, 1963; Reisestipendium des Auswärtigen Amtes und des VS, 1967; Pfalzpreis für Literatur, 1978; Lyrikpreis Gedok Rhein-Main-Taunus 1989; Vorstandsmitglied des VS Rheinland-Pfalz von 1960 bis 1984.

Marliese Fuhrmann, geboren 1934, aufgewachsen in Ludwigshafen und Kaiserslautern, (verheiratet, zwei erw. Kinder, Bürokauffrau, berufstätig als Buchhalterin), lebt in Kaiserslautern. Dozentin an der VHS, Mitglied des Literarischen Vereins der Pfalz. 1985 Förderpreis für Literatur des Bezirksverbandes Pfalz. Jury-Mitglied beim Bockenheimer Mundartdichterwettstreit. Veröffentlichungen: „Zeit der Brennessel", Geschichte einer Kindheit, 1981 bei der Pfälzischen Verlagsanstalt, Landau; 7 Auflagen, eine Sonderausgabe. Das Buch wurde zusammen mit zeitgeschichtlichen Dokumenten und Bildern als Fortsetzungsroman in der Tageszeitung „Die Rheinpfalz" abgedruckt. 1985 im Fischer-Taschenbuch-Verlag, Frankfurt (Januar 1989, 2. Auflage). – „Fliegende Hitze", Frauen durchleben Wechseljahre (Herausgeber-Buch), Juni 1986 als Original-Ausgabe im Fischer-Taschenbuchverlag, in der Reihe die Frau in der Gesellschaft; (Juli 1989; 5. Auflage). „Hexenringe", Dialog mit dem Vater, 1987 als Original-Ausgabe im Fischer-Taschenbuchverlag. Kurzgeschichten und Gedichte wurden in Anthologien, Zeitschriften und Zeitungen abgedruckt, zuletzt in „Innenansicht einer Zeit", einer Anthologie zum vierzigjährigen Bestehen des Landes Rheinland-Pfalz, hg. vom Kultusministerium in Zusammenarbeit mit dem Südwestfunk sowie dem Verband Deutscher Schriftsteller.

Gisela Gall, geboren 1940 in Speyer, wieder dort lebend. 15 Jahre Tätigkeit als Lehrerin. Schreiben als Hobby. Erfolgreiche Teilnahme an einigen Gedicht- und Mundartwettbewerben.

Georg Jakob Gauweiler, geboren 1930 in Landau, lebt in der Südpfalz. Veröffentlichungen von Mundarttexten in Zeitungen, Zeitschriften und Anthologien.

Else Gorenflo, geboren 1934 in Friedrichstal (Kreis Karlsruhe), lebt auch dort. 1989 Buch „Gedichte – Jahresringe", verfaßt Gedichte in Schriftdeutsch und Mundart, zuweilen auch in Prosa. Beiträge im Jahrbuch des Landkreises Karlsruhe. Preisträger 1990 beim Wettbewerb des Arbeitskreises Heimatpflege Nordbaden (Sparte Lied).

Irma Guggolz, geboren 1924 in Sulzfeld (Kreis Karlsruhe), lebt auch dort. Schreibt Dokumentationen, heimatkundliche Abhandlungen, Lyrik und Prosa in Hochsprache und Mundart. Zahlreiche Veröffentlichungen in Anthologien, Jahrbüchern, Zeitungen und Rundfunk. Gedichtband „Ebbe und Flut", erschienen 1984 im Bläschke-Verlag. Viele Dichterlesungen mit der Autorengruppe Lehr, mehrfache Preisträgerin beim Mundartwettbewerb des Arbeitskreises Heimatpflege Nordbaden (1988 1. Preis).

Gertrud Häfner, geboren 1934 in Mannheim, dort aufgewachsen und geblieben. 1987 2. Preis im Wettbewerb: Sonntagsgeschichten / SDR. 1989 Mundart-Wettbewerb: Heimatpflege Nordbaden, Preis für Mundart-Lyrik. Beiträge im Rundfunk, Veröffentlichungen: „Rollwagen-Buch", Anthologien.

Bruno Hain s. Herausgeber-Biografie.

Thomas Heitlinger, geboren 1964, aufgewachsen in Eppingen-Rohrbach (Kraichgau). Veröffentlicht in mehreren Anthologien in Schriftdeutsch. 1986 Nordbadischer Mundartförderpreis. 1990 1. Preis beim Mundartwettbewerb Nordbaden in der Sparte Lyrik. 1986 erschien sein Buch „Schwarz uff Weiß – Kraichgaulyrik" im Verlag Alte Uni, Eppingen.

Gisela Herrmann, geboren 1952 in Nußloch/Kreis Heidelberg, lebt auch dort. Zahlreiche Veröffentlichungen, Beiträge in Rundfunk, Presse und Anthologien. Eigener Lyrikband „Liliths Lieder". Mitglied der Autorengruppe Lehr. 1987 und 1990 Preisträgerin beim Wettbewerb für Mundart-Lyrik in Nordbaden.

Harald Hurst, geboren 1945 in Buchen/Odenwald), lebt heute in Weingarten (Kreis Karlsruhe). Schreibt mundartliche und schriftdeutsche Lyrik, Satiren, Erzählungen und Reportagen. Etliche Bücher, u. a. „Der Polizeispielkaschte"; Braun-Edition Karlsruhe.

Alois Ihle, geb. 1936 in Wieslocher Schatthausen (Rhein-Neckar-Kreis). Landwirtschaftsmeister und Winzer in Rauenberg. 1986 Herausgabe des Lyrik- und Prosabandes „Heimat und Ferne" im Eigenverlag. 1990 Preisträger beim Mundartwettbewerb des Arbeitskreises Heimatpflege Nordbaden.

Marliese Klingmann, geboren 1937 in Eschelbronn, dort wohnhaft. Schreibt Lyrik und Prosa, Mitarbeit in Anthologien, u. a. „Finfmol des un sell", „Muddersprooch"-Reihe und „Daheim, dehååm, dehääm". Gemeinsame Gedichtbände zusammen mit Ilse Rohnacher: 1984 „Stoppelfelder streichle", 1988 „Du und Ich". Zahlreiche Preise beim Bockenheimer Mundartdichterwettstreit.

Heinrich Kraus, geboren 1932 in St. Ingbert, lebt in Miesau. In westpfälzischer Mundart veröffentlichte er Gedichte, Nachdichtungen fremdsprachiger Lyrik, Lieder, Glossen, Funkgeschichten, einen Funkroman, Volksstücke, Fernsehfilme, Hörspiele, die z. T. ins Schwäbische und Niederdeutsche übertragen wurden.

Rudolf Lehr s. Herausgeber-Biografie.

Thomas Liebscher, geboren 1961, aufgewachsen in Mingolsheim und Langenbrücken (heute Bad Schönborn), lebt in Hockenheim und Pforzheim. Studierte Germanistik und Politikwissenschaft, arbeitet als Zeitungsredakteur in Karlsruhe. Gedichtbeiträge im Rundfunk. Eigener Lyrikband mit Mundart und Hochsprache in Vorbereitung.

Waltraud Meißner, geboren 1940 in Waldleiningen, lebt in Bad Dürkheim. Mehrfache Preisträgerin bei den Mundartwettbewerben in Bockenheim, Dannstadt und Gonbach. Buchveröffentlichungen: „Die Babbelschnut" (1988) und „Die Rockscheeß" (1990).

Helmut Metzger, geboren in Bad Dürkheim, lebt auch dort. Verwaltungs-Amtsrat a. D. 13 Mundartversbücher und 2 Versbücher in Hochdeutsch. Viele Veröffenlichungen in Zeitungen und Zeitschriften; lange Jahre regelmäßiger Kolumnist in pfälzischen Blättern. Hörspiele, Bühnenstücke, Lesungen und Bühnenauftritte. Oftmaliger Preisträger beim Mundartdichter-Wettstreit in Bockenheim; u. a. Inhaber des Jakob-Böshenz-Preises und des Reinhard-Klingel-Preises. Viele andere Auszeichnungen. Wird genannt in einer Reihe von Nachschlagewerken, u. a. in „Who is Who in Literature".

Werner Mühl, geboren 1937 in Kandel/Pfalz und dort auch wohnhaft. Ausbildung zum Industriekaufmann und Weiterbildung zum Betriebswirt. Beschäftigt als Leiter des Rechnungswesens in einem mittelständischen Betrieb im Raume Karlsruhe. Gelegentliche Veröffentlichungen von Gedichten und Kurzgeschichten in Mundart und Hochdeutsch in Zeitungen, Zeitschriften und Kalendern; Preisträger beim Pfälzer Mundartwettbewerb in Bockenheim in den Jahren 1963 und 1987; Preisträger beim Mundartwettbewerb „Dannstadter Höhe" 1988, 1989, 1990 und 1991; Preisträger beim Wettbewerb der Zeitung „Sonntag Aktuell" im Jahre 1986 mit einem Herbstgedicht (1. Preis) und im Jahr 1988 mit einem Frühlingsgedicht (2. Preis).

Claus Jürgen Müller, geboren 1956 in Waldsee, lebt als Journalist und Schriftsteller in Speyer. Über ein Dutzend Buchveröffentlichungen, darunter „Du die Weck weg" (1984), „De Deiwel im Ranze" (1987) und „Halt die Gosch" (1990).

M. Waltrud Müller, geboren 1924 in Wertheim (Main), wuchs in Mosbach auf, wo sie als Rentnerin und Hausfrau lebt. Mitbegründerin der Mosbacher „Poesiebörse". Mitglied des Arbeitskreises „Pegasus". Gedichte in der Hochsprache und in der Mosbacher Mundart. Veröffentlichungen in „Herbst auf immer", „Spuren", „Daheim", „Mol badisch, mol schwäbisch", „Unser Land". 1987 unter den Preisträgern des nordbadischen Lyrikwettbewerbes.

Gerhard Ranssweiler, geboren 1927 in Ludwigshafen, lebt dort und in Obermoschel (Donnersbergkreis). Schreibt seit 1986 im Nordpfälzer und Vorderpfälzer Dialekt. Auszeichnungen beim Pfälzischen Mundartdichter-Wettstreit Bockenheim: 1986 Dr.-Wilhelm-Dautermann-Preis, 1988 Dr.-Wilhelm-Dautermann-Preis, 1989 erster Preis, 1990 zweiter Preis. Veröffentlichungen: Gedichtband „ausgeknechelt – dorchgehechelt", PVA Landau 1988. Gelegentliche Beiträge in der Tagespresse. Zweiter Preis im 1. Pfälzischen Volksschauspiel-Wettbewerb der Stiftung zur Pflege des Pfälzischen Volksschauspiels; Landstuhl.

Ilse Rohnacher, 1926 geboren in Heidelberg. Kindheit und Jugend in Heidelberg und Kaiserslautern, Ausbildung zur Übersetzerin in Heidelberg, Kunststudium in Mainz, Sozialpädagogin in Mannheim, verheiratet, drei Kinder, Kulturreferentin des Stadtteilvereins Heidelberg-Ziegelhausen. 1981 – 1989 acht Preise beim Pfälzischen Mundartdichterwettstreit in Bockenheim. 1981 und 1987 erster Preis. 1984 Schreibwettbewerb „Leben in Nordbaden" 4. Preis. 1986 und 1988 Mundartlyrikpreis und 1989 Mundartprosapreis für den Regierungsbezirk Karlsruhe. 1990 Jakob-Böshenz-Preis der Gemeinde Bockenheim für das Gesamtwerk. Selbständige Veröffentlichungen: 1981: „Walter Jensen und das Naturtheater auf dem Haarlass." 1984: „Stoppelfelder streichle", zusammen mit M. Klingmann. 1987: „So un So", zusammen mit Marliese Klingmann. 1988: „Du und ich", zusammen mit Marliese Klingmann, HVA. 1990: „Die Lügenbrücke". Schreibt Dokumentationen, heimatkundliche Abhandlungen, Hörszenen, Lyrik und Prosa in Hochdeutsch und Mundart; Beiträge für den Rundfunk und das Fernsehen, ferner Veröffentlichungen in Anthologien, Sachbüchern, Jahrbüchern, Zeitschriften, Zeitungen und Ausstellungskatalogen.

Brigitte Rothmaier, geboren 1937, Schulbesuch in Karlsruhe und Schwetzingen, Studium der Pädagogik für den Volksschuldienst, Berufsausübung in Odenheim, Landshausen und Oberhausen. Heirat, drei Söhne, Lehrtätigkeit im Sprachunterricht der Volkshochschule. Schreibt in Schwetzinger Mundart. 1. Preis für Lyrik 1987, 1. Preis für Prosa 1990, vergeben vom Arbeitskreis Heimatpflege Nordbaden.

Gerd Runck, geboren 1929 in Godramstein und dort aufgewachsen. Lebt seit 1988 in Landau. Schreibt Lyrik, Prosa u. Lieder in Pfälz. Mundart u. Hochdeutsch. Zahlreiche Beiträge in Presse, Anthologien, Jahrbüchern u. a. m.; vier eigene Mundartbände. Viele Lesungen und Pfälz. Heimatabende. Mitwirkungen in Rundfunk u. Fernsehen; Schallplattenaufnahmen, 18facher Preisträger b. Bokkenheimer Mundartdichterwettstreit, darunter vier Erstplazierungen, Jakob-Böshenz-Preis und zweimal Dr. Dautermann-Preis. Nächste Publikationen: „En gute Rutsch!" pfälz.-kurpfälz. Mundartkalender 1992 und hochdtsch. Gedichtband „Fallobst", ungelesene Versefrüchte mit und ohne Sti(e)l.

Walter Sauer, geboren 1942 in Mannheim. Lehrt als Akademischer Oberrat am Anglistischen Seminar der Universität Heidelberg. Zahlreiche Veröffentlichungen auf dem Gebiet der englischen Mediävistik und Sprachwissenschaft. Lebt mit seiner Familie in Neckarsteinach-Darsberg. Dilettiert u. a. als Dialektübersetzer („De Pälzer Schruwwelpeder" 1984; „De Pälzer Max un Moritz" 1985; „Die Pälzer Biwel" in Vorbereitung 1991). Fühlt sich der links- und rechtsrheinischen Pfalz als einer – auch nach fast 200jähriger politischer Trennung – zusammengehörigen Kulturlandschaft als Heimat verbunden.

Peter Schraß, geboren 1944. Waschechter Pfälzer. Hauptberuflich Lehrer mit Schwerpunkten Musik und Sport an einer Hauptschule. Im wesentlichen Autodidakt. Seit 1980 öffentliche Auftritte als Liedermacher. Bisherige Veröffentlichungen: 1983 LP und Liederbuch „Danzbär, danz …", 1988 LP und Liederbuch „Mei Schätzel hot e kläänes Haus".

Marcel Schuschu, geboren 1912 in Straßburg. Vater Pfälzer, Mutter Elsässerin. Besuch der französische Schule von 1918–1921. Dann Auswanderung nach Rheinzabern. Beruf Büroangestellter. Kriegsversehrter. Sechsmaliger Sieger in Bockenheim. 12 Veröffentlichungen in Buchform. Viele Beiträge in Zeitschriften. Autorenlesungen in Schulen etc. 1989 Jakob-Böshenz-Preis.

Hans-Peter Schwöbel Prof. Dr., geboren 1945 in Buchen/Odenwald, lebt seit 1952 in Mannheim. Volks- und Realschule; Lehre und Berufstätigkeit als Kraftfahrzeugmechaniker. Zweiter Bildungsweg. Sozialwissenschaftler, Lyriker, Kabarettist. Seit 1980 Professor für Soziologie in Mannheim. Veröffentlicht schriftdeutsche Lyrik und wissenschaftliche Essays. Macht Kabarett in Mannheimer Mundart. Neben einer Reihe von Büchern veröffentlicht Schwöbel regelmäßig in Zeitschriften, Rundfunk und Fernsehen.

Michael J. Seifert, geb. 1948 in Neustadt/Weinstraße, lebt in Edenkoben/Pfalz. Dipl.-Soziologe, Dr. phil., arbeitet z. Z. freiberuflich als Sozialwissenschaftler in Lehre, Forschung und als Wissenschaftsjournalist. Neben Fachpublikationen Veröffentlichungen von Lyrik und Kurzprosa. Mitglied im Verband deutscher Schriftsteller, dem Literarischen Verein der Pfalz und der Autorengruppe Kaiserslautern.

Hermann Josef Settelmeyer, geboren im März 1939 in Speyer, aufgewachsen in Weingarten/Pfalz, Lehrer an der Speyerer Edith-Stein-Realschule, lebt heute in Lingenfeld, verheiratet, drei Kinder. Neben dem Beruf Tätigkeit als Chorleiter und Autor zahlreicher veröffentlichter Chorsätze, darunter auch Lieder in Pfälzer Mundart. Gedichte bei passender Gelegenheit nach Lust und Laune.

Günter Speyer, geboren 1927 in Pirmasens. Lebt in Kaiserslautern-Hohenecken. Volkshochschul-Geschäftsführer i. R. Veröffentlichungen in Form von Beiträgen in Rundfunk, Presse, Jahrbüchern und Anthologien. Eigenes Mundartbuch „Vun allerhand Leit" (Lyrik und Prosa). Wiederholt Preisträger beim Bokkenheimer Mundartdichterwettstreit (u. a. 1980 Reinhard-Klingel-Gedächtnis-Preis; 1982 1. Preis; 1987 Jakob-Böshenz Preis).

Rudolf Stähle wurde 1930 in Mannheim geboren, wuchs in Pforzheim auf und verbrachte den größten Teil seiner Studienzeit in Freiburg. Er promovierte mit einer Arbeit über „Die Zeit im modernen utopischen Roman". Seit 1962 ist er in der Karlsruher Kulturredaktion des Süddeutschen Rundfunks tätig, seit 1975 ist er mit deren Leitung betraut. Er betreut unter anderem das badisch-pfälzische Mundartspiel und den Kurzgeschichtenwettbewerb „Der Oberrheinische Rollwagen", der seit acht Jahren für das Elsaß, die Schweiz und Baden ausgeschrieben wird.

Paul Tremmel, geboren 1929 in Theisbergstegen (Kreis Kusel), aufgewachsen und wohnhaft in Forst a. d. Weinstraße (Pfalz). Schreibt seit 1971 Gedichte überwiegend in Pfälzer Mundart. Gelernter Bauschlosser, danach Betriebsleiter, Industriemeister, Tankstellenpächter, Autohändler. Daneben Mundartpoet, Schriftsteller und freier Mitarbeiter der Rheinpfalz, Mitarbeiter des Rundfunksenders RPR und einer privaten Fersehanstalt.

Karl-Jörg Walter, geboren 1941 in Neustadt/Weinstraße, dort wohnhaft. Lehrer und Mundartpoet, seit 1964 im pfälzischen Schuldienst (Diedesfeld, Neustadt, Hochstadt, Böbingen-Gommersheim). Veröffentlichung von Mundart-Gedichten und -szenen in Jahrbüchern, Zeitungen und in der Mundart-Anthologie Rheinland-Pfalz. 1987 erstes Mundartbuch „Mund-Gerechtes", im Eigenverlag. Mitarbeit bei Rundfunkanstalten. 1982, 1985 und 1986 Preisträger beim Pfälzischer Mundartdichter-Wettstreit in Bockenheim.